HEYNE
BÜCHER

Stichwort

# Frauen im Islam

Kirsten Bauer

**Originalausgabe**

WILHELM HEYNE VERLAG
MÜNCHEN

HEYNE SACHBUCH
Nr. 19/4041

REDAKTION:
Sabine Braun

FACHLEKTORAT:
Dr. Susanne Enderwitz

GRAFIKEN:
Michael Lörcher

KONZEPTION UND REALISATION:
Christine Proske
(Ariadne Buchproduktion)


Printed in Germany 1994
Umschlaggestaltung: Kaselow-Design
Herstellung: H+G Lidl, München
Satz: Satz & Repro Grieb, München
Druck und Verarbeitung: Pressedruck, Augsburg

ISBN 3-453-07065-8

# Inhalt

# Die islamische Welt

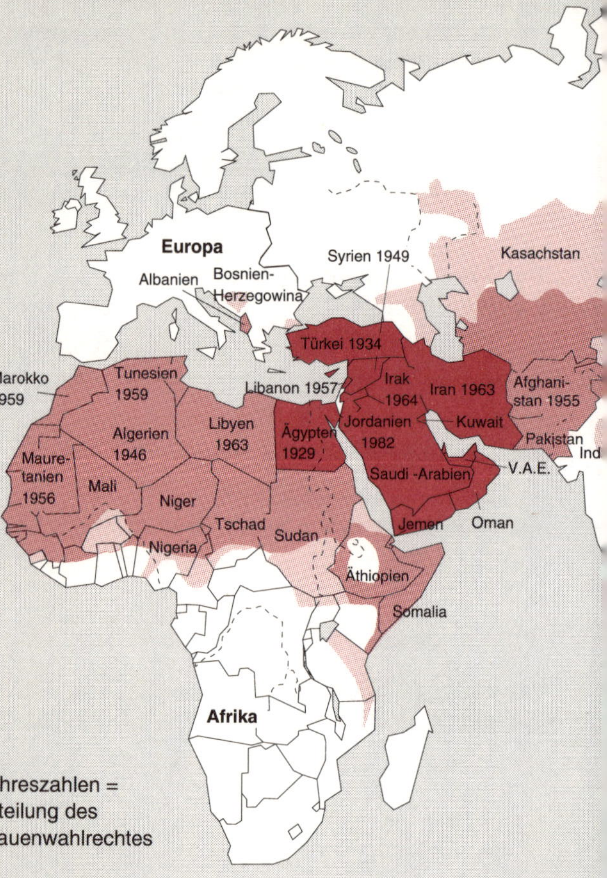


Jahreszahlen =
Erteilung des
Frauenwahlrechtes

Der Nahe Osten

Gebiete mit

überwiegend islamischer Bevölkerung

islamischen Bevölkerungsanteilen

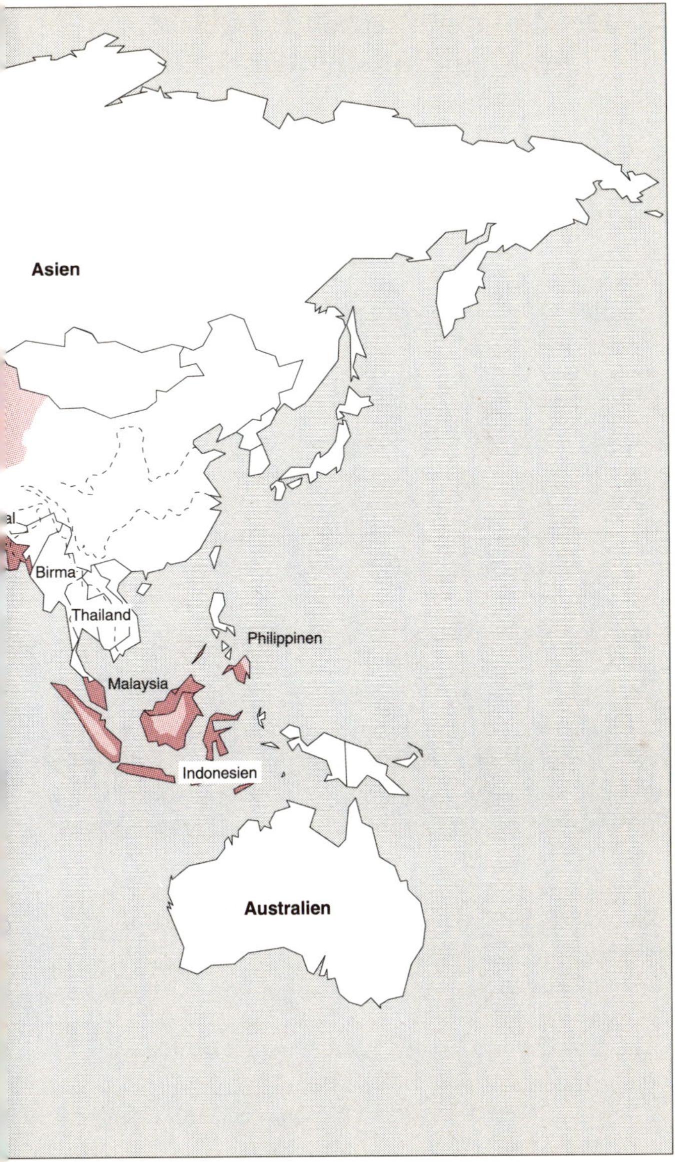
Asien
al
Birma
Thailand
Philippinen
Malaysia
Indonesien
Australien

# I. Das Bild islamischer Frauen in der westlichen Öffentlichkeit

Zynisch ausgedrückt, kam die Krise am Golf für den Westen gerade rechtzeitig, um das zerbrochene Feindbild »der roten Gefahr« durch ein neues zu ersetzen: das »islamische Weltreich«. Häufig wertet die Kritik dabei gerade die Rolle der Frau in islamischen Ländern als Beleg für die »reaktionären politischen Ideen« und den »Despotismus«, die dem Islam als Religion angeblich innewohnen. Solche Einschätzungen übersehen jedoch, daß die unterschiedlichen Lebensformen von Musliminnen nicht allein von religiösen Inhalten bestimmt werden, sondern ebenso von Kultur und Tradition des jeweiligen Landes.

Allzu oft legen die Betrachter bei der Interpretation der Gesellschaftsformen in islamischen Ländern westliche Maßstäbe an, setzen sie eine Überlegenheit und Vorrangstellung der abendländischen Kultur voraus. Die westliche Medienwelt stellt die Frauen in islamischen Ländern als rechtlose Geschöpfe dar, die dazu verdammt sind, im Hause zu bleiben und sich widerstandslos den Launen ihrer meist aggressiven Ehemänner zu unterwerfen. Daß viele Musliminnen die traditionelle Frauenrolle in der Großfamilie durchaus schätzen, oder sogar gebildete Frauen freiwillig den *Schleier* nehmen, stößt auf Unverständnis und wird häufig verschwiegen. Ebenso bleibt außer acht, daß es mittlerweile in vielen Staaten mit überwiegend islamischer Bevölkerung Frauen gibt, die das traditionelle Leben hinter sich gelassen haben. In Ländern wie Ägypten, Irak, Syrien, Tunesien oder Marokko konnten sich Frauen bedeutende Freiräume schaffen und am Wirtschaftsprozeß beteiligen.

Dabei soll weder geleugnet werden, daß der Islam die Ungleichheit von Mann und Frau voraussetzt, noch, daß die Gesellschaftsformen in Ländern mit überwiegend islamischer Bevölkerung durch patriarchale Strukturen geprägt sind und die Gleichberechtigung von Mann und Frau in den meisten Bereichen vermissen lassen. Das gesellschaftliche Leben in der islamischen Welt bestimmen die Männer. Dies gilt auch für das islamische Rechtssystem, das Frauen hinsichtlich Heirat, Scheidung, Sorgerecht, Erbe und Zeugenaussagen vor Gericht benachteiligt.

Um Pauschalurteile zu vermeiden, muß bei der Betrachtung der unterschiedlichen Frauenrollen in islamischen Ländern sensibel differenziert werden. Dies sollte man jedoch nicht mit einem Kultur- und Werterelativismus verwechseln, der im Extremfall die offensichtliche Benachteiligung von Frauen als Ausdruck religiöser Identität und gewachsener Tradition akzeptiert.

Eine umfassende Analyse kann das vorliegende Buch nicht liefern. Es soll vielmehr einen Eindruck von den möglichen weiblichen Lebensformen in islamischen Gesellschaften vermitteln. Dabei konzentriert sich die Darstellung auf die Rolle der Frau in arabischen Ländern, im Iran und in der Türkei, Länder, in denen über 90 Prozent der Bevölkerung Muslime sind. Die Spaltung des Islam in die *sunnitische* und die *schiitische* Glaubensrichtung hat die Frauenrolle nur in einigen unwesentlichen Details berührt und wird deshalb nicht weiter beachtet.

Angesichts der über 800 Millionen Muslime in der Welt ist es schwer, Verallgemeinerungen zu treffen: »Die Frau im Islam« gibt es ebensowenig wie »die Frau im Christentum«. Wenn überhaupt, kann man Untersuchungen über vorherrschende Frauenrollen in unterschiedlichen Gesellschaftsformen, in diesem Fall der »traditionellen« und der im westlichen Sinne »modernen« anstellen.

Dabei muß beachtet werden, daß die beschriebenen Lebensformen nicht allein auf eine Prägung durch den Islam zurückzuführen sind, sondern daß neben Kultur

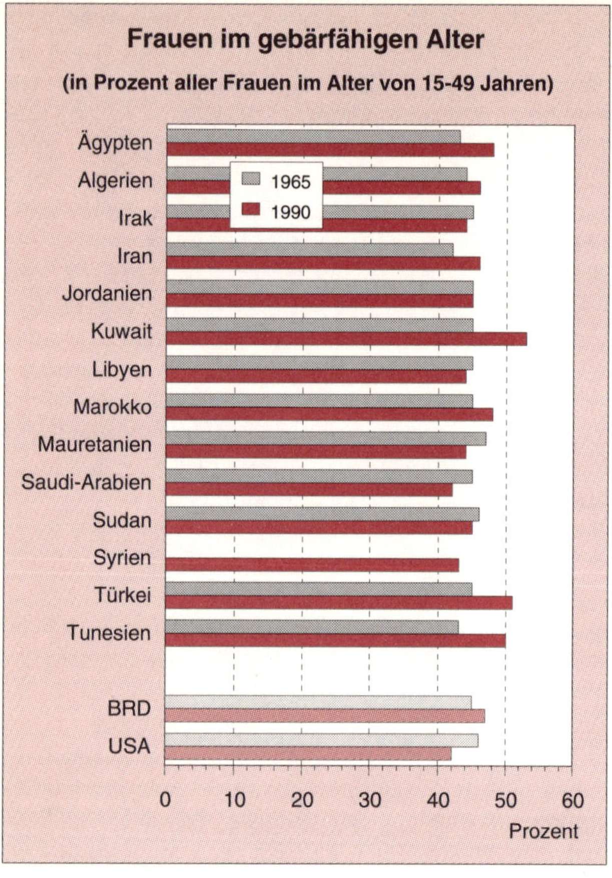


und Tradition auch wirtschaftliche und postkoloniale Aspekte eine Rolle spielen. Als Argument für diese These lassen sich die asiatischen Länder mit überwiegend muslimischer Bevölkerung, wie z. B. Indonesien, heranziehen. Dort herrschen andere Gesellschaftsstrukturen vor als in den arabischen Ländern. Außerdem sind industrielle Unterentwicklung und hohe Arbeitslosenquoten ein Charakteristikum vieler »islamischer Staaten«.

# II. Die Stellung der Frau im Koran

Die Rolle der Frau in islamischen Gesellschaften ist, wie gesagt, nicht allein von der Religion bestimmt. Doch finden die traditionellen Geschlechterrollen im *Koran* durchaus eine Stütze. Auch die *Sunna*, die die Botschaft des Koran durch die Taten und Aussprüche des Propheten Mohammed beglaubigt und vertieft, überliefert frauenfeindliche Elemente, deren Echtheit von Wissenschaftlern jedoch teilweise angezweifelt wird.

**Koran und Sunna**

Die Botschaft Mohammeds (570–632 n. Chr) gilt unter den Muslimen nicht zuletzt deshalb als abschließende Offenbarung Gottes, weil sie vom Propheten schriftlich in einem Buch, dem Koran, festgehalten wurde, und Überlieferungsfehler somit ausgeschlossen werden können. Der Koran (arab.: Lesung, Rezitationsbuch), niedergeschrieben zwischen 610 und 632, ist die Heilige Schrift der Muslime, vergleichbar mit der Bibel der Christen. Er stellt – thematisch nur wenig geordnet – in insgesamt 114 Abschnitten oder Suren die wesentlichen Etappen der Heilsgeschichte dar, die mit der Erschaffung der Welt beginnt und mit Mohammeds Verkündigung endet. Die Suren sind entweder nach dem Inhalt des Textes benannt, oder ihr Name leitet sich aus ihrer strukturellen Funktion, beispielsweise der Einleitung, ab. Neben dem Koran existiert für die Muslime noch ein weiteres schriftliches Zeugnis, das über den Inhalt der islamischen Lehre sowie das Leben und Wirken Mohammeds Auskunft gibt: die Sunna (arab.: Brauch, Sitte; Tradition) des Propheten.

## 1. Die Frauen zur Zeit der Dschahiliya

Die Stellung der Frau in der vorislamischen Zeit, die von Muslimen als *Dschahiliya*, die Zeit der Unwissenheit, bezeichnet wird, liegt aufgrund der wenigen Quellen nach wie vor im Halbdunkel. Sicher ist jedoch, daß die Frauen der in der Wüste lebenden Beduinenstämme wegen ihrer unentbehrlichen Arbeitskraft eine höhere gesellschaftliche Stellung genossen als ihre Schwestern in den Städten. Die soziale Organisationsform in den Stämmen beruhte auf verwandtschaftlichen Verhältnissen. Die Stammessolidarität bezog sich sowohl auf den Schutz der Gemeinschaft nach außen als auch auf die innere Organisation der Stämme. Dieses Solidaritätsprinzip integrierte Männer wie Frauen, die jeweils klar definierte Rollen übernahmen. Die weibliche Domäne war dabei insbesondere das Zelt, in dem die Frau uneingeschränkt herrschte. Sie sorgte für die Nahrung, Brennholz und die Herstellung oder Verarbeitung von Wolle, Milch und Handelswaren. Auch wenn die Arbeit der Frauen als untergeordnet galt, war sie doch für das Überleben des Stammes notwendig. Der Handel der Beduinenstämme basierte vor allem auf dem Austausch von Naturalien und gehörte neben der Kriegsführung zu den Aufgaben der Männer.

Mit der Bildung städtischer Handelszentren wie *Mekka* um das Jahr 400 wurde die Beduinenwirtschaft allmählich in einen blühenden Karawanenhandel integriert bzw. diesem unterworfen. Die wirtschaftliche Zentralisierung brachte einen erheblichen Wandel in der Gesellschaftsstruktur.

Gegründet auf das Privateigentum, gewann die männliche Abstammungslinie zunehmend an Bedeutung. Damit ging eine Verschärfung der männlichen Besitzansprüche gegenüber ihrer Familie einher, und so setzte sich eine patriarchale Gesellschaftsordnung durch. Da die Frauen ihren großen wirtschaftlichen Einfluß in der Stadt einbüß-

**Mekka**

Mekka, die Geburtsstadt Mohammeds, ist die heiligste Stadt des Islam. Hier begann die Mission des Propheten und hier steht auch die Kaaba, das höchste Heiligtum der islamischen Welt. Die Kaaba ist ein kleiner, schwarz verhangener Tempel aus vorislamischer Zeit, der nach der Lehre Mohammeds von Abraham und seinem Sohn Ismail erbaut wurde. An seiner südöstlichen Ecke ist ein schwarzer Meteorit eingemauert, den Abraham vom Erzengel Gabriel erhalten haben soll. Da die Pilgerfahrt nach Mekka (hadsch) für alle wohlhabenden Muslime eine religiöse Pflicht ist, reisen jährlich Millionen von Muslime insbesondere im islamischen Pilgermonat nach Mekka. Die besondere Heiligkeit der Stadt und die Vielzahl der Besucher führen dazu, daß immer wieder politische und religiöse Gruppen versuchen, sich in Mekka ein Propagandaforum zu schaffen.

ten, verloren sie entscheidend an Macht. Der Verlust der Stammessolidarität ließ ihnen kaum eine Möglichkeit, sich anders als in einer Ehe familiär zu organisieren. Nach und nach bürgerte sich das Recht für Männer ein, beliebig viele Frauen zu heiraten, sofern sie wohlhabend genug waren und das Brautgeld bezahlen konnten. Gleichzeitig durften sie ihre Frauen auch wieder verstoßen, ohne daß ihnen daraus irgendwelche Verpflichtungen oder Sanktionen entstanden wären. Von der ehemaligen gewohnheitsrechtlichen Versorgung von Frauen und Kindern durch den Stamm blieb nur der negative Aspekt übrig: der unsichere erb- und eigentumsrechtliche Anspruch. Denn in der vorislamischen Zeit existierte für die weiblichen Stammesmitglieder der Beduinenstämme kein Erbrecht. Vielmehr waren sie häufig selbst Teil des Erbes. Starb ein Ehemann, stand die Witwe zunächst seinem ältesten Sohn zu. Sofern es sich nicht um seine eigene Mutter handelte, konnte er die Witwe heiraten oder das Recht an seinen Bruder oder Neffen weitergeben. Diese Regelung war für den Erben attraktiv, weil er damit den Anteil der *Morgengabe* (Brautgeld), die der Verstorbene gezahlt hatte, für den eigenen Klan sicherte und die Frau als Arbeitskraft in der Familie erhalten blieb. Eine Witwe konnte sich ihrem Schicksal lediglich dann entziehen, wenn es ihr gelang, vor der Ankunft des Erben zu ihrem eigenen Klan zurückzukehren.

Auch wenn grundsätzlich davon auszugehen ist, daß der Koran den rechtlichen und gesellschaftlichen Status der Frauen verbesserte, trifft das heute gerne von Muslimen dargestellte Bild der Frau im vorislamischen Zeitalter als rechtloses Geschöpf, das in totaler Abhängigkeit von ihren männlichen Verwandten oder ihrem Ehemann sanktionslos geschlagen und getötet werden konnte, nicht auf alle Frauen zu. Zumindest Frauen der städtischen Mittel- und Oberschicht hatten teilweise eigenständige Positionen und Mitspracherecht. Die erste Frau Mohammeds, Chadidscha bint Chuwailid, führte gar ein gutgehendes Handelsunternehmen in Mekka. Und sie war es auch, die dem Propheten die Heirat vorschlug.

## 2. Mohammed und die Frauen

Der Prophet *Mohammed* wurde 62 Jahre alt. Nach christlicher Zeitrechnung kam er um 570 in Mekka zur Welt. Seine erste Offenbarung erhielt er mit Vollendung des 40. Lebensjahres im Jahr 610, sein öffentliches Predigen begann jedoch erst drei Jahre später. Im Jahr 622, dem Jahr eins der muslimischen Zeitrechnung, ging Mohammed ins Exil nach Medina. Zu dieser Zeit waren die politischen Verhältnisse in Mekka sehr gespannt. Einflußreiche Mekkaner hatten dem Propheten den Kampf angesagt, da er ihre Götter beleidigt hatte.

Frauen spielten im Leben des Propheten immer eine wichtige Rolle. Seine erste Ehe, die er 595 mit Chadidscha einging, war *monogam*. Nach ihrem Tod im Jahr 619 heiratete Mohammed zwölf weitere Frauen. In einigen Fällen schloß er seine Ehen aus politischen Gründen, um die Versöhnung der zum Islam bekehrten Stämme zu sichern. Dem Propheten wird im Koran im Hinblick auf die Vielehe ausdrücklich eine Sonderstellung vor den anderen Gläubigen eingeräumt, denen höchstens vier Ehefrauen zugestanden wurden.

Die Berichte über das Leben des Propheten zeugen davon, daß er seine Frauen in viele Bereiche seines religiösen und politischen Lebens einbezog. Herausragende Rollen spielten dabei seine erste Frau Chadidscha, außerdem Umm Salma, eine aristokratische Frau des Stammes Quraisch, und Aischa, seine Lieblingsfrau. Eine weitere Frauenfigur, die bei den Muslimen bis heute große Verehrung genießt, ist Fatima, die Tochter des Propheten.

Seine Beziehung zu Frauen allgemein und insbesondere die zu seinen zahlreichen Ehefrauen bildeten Ausgangspunkt für viele Familiengesetze, die durch den Koran vermittelt wurden.

## Die religiöse Stellung der Frau

Als sich Umm Salma einmal bei Mohammed beschwerte, daß der Koran von den Frauen nicht so spricht wie von den Männern, wurde ihm nach der Überlieferung die religiöse Stellung der Frau offenbart. Was Gott durch seinen Propheten verkünden ließ, war für die damalige Zeit revolutionär und eindeutig: Gott spricht für alle Gläubigen, für Männer und Frauen.

> »Für die Muslime und die Musliminnen, für die gläubigen Männer und Frauen, für die wahrhaftigen, standhaften und demütigen Männer und Frauen, für die Almosen gebenden und für die fastenden und für die

> keuschen Männer und Frauen, die oft Gott anrufen, hat Gott Versöhnung und großen Lohn bereitet.« (Sure 33, Vers 36)

Interessant ist auch, daß der Koran Adam und Eva gleichermaßen für den Sündenfall verantwortlich macht. »Da veranlaßte sie der Satan, einen Fehltritt zu tun, wodurch sie des Paradieses verlustig gingen.« (2, 36)

Auch die religiösen Grundpflichten des Koran, die die »Fünf Säulen des Islam« genannt werden, gelten für Männer und Frauen gleichermaßen. Zu ihnen gehört das muslimische Glaubensbekenntnis (shahada), das fünfmal täglich zu haltende Gebet (salat), das Fasten während des *Ramadan*, die Armensteuer und die Pilgerfahrt nach Mekka. Außer von der Almosengabe werden Frauen von diesen Pflichten während ihrer Menstruation, die als rituell unrein gilt, befreit. So gilt beispielsweise die Fastenpflicht des Ramadan nicht für Frauen, die ihre Regel haben. Die »verlorenen« Tage müssen jedoch zu einem späteren Zeitpunkt nachgeholt werden. Auch das Strafmaß für verschiedene Delikte wie Diebstahl, Mord oder Ehebruch wird für Männer wie Frauen gleich bemessen.

### Das Erbrecht

Eine für die damalige Männerwelt wahrhaft revolutionäre Regelung schrieb der Koran hinsichtlich des Erbrechts von Frauen und Töchtern fest. Die vorislamische Praxis, Frauen als Teil der Erbmasse anzusehen, wurde verboten.

> »O ihr, die ihr glaubt! Es ist euch nicht erlaubt, die Frauen wider (ihren) Willen zu erben. Und setzt ihnen nicht zu, um etwas von dem zu nehmen, was ihr ihnen (als Morgengabe) zukommen ließet, es sei denn, sie begehen etwas ausgesprochen Abscheuliches.« (4, 19)

Auch wurde den Frauen erstmals ein geregelter Pflichtteil des Erbes zugesprochen:

> »Einem männlichen Kind steht der Anteil von zwei weiblichen zu. Sind es nur Töchter, mehr als zwei an der Zahl, so stehen ihnen zwei Drittel dessen, was er hinterläßt, zu.« (4, 11)

Diese offensichtlich ungleiche Verteilung wird damit erklärt, daß die Söhne gleichzeitig verpflichtet waren, die Witwe zu unterstützen. Mit der gleichen Begründung erhielten Töchter auch nur die Hälfte ihrer Brüder. Denn während sie früher oder später von ihren Ehemännern versorgt würden, oblag es dem Bruder seinerseits, eine ganze Familie zu ernähren.

Besonders die Aufforderung von Gott, jungen Mädchen einen Erbteil zuzusprechen, versetzte die Männer der ersten Muslimgemeinde in helle Aufregung. Glaubt man den Überlieferungen, so waren es nicht wenige, die von Mohammed Klärung in der Frage verlangten, wie es möglich sei, einem Mädchen, das noch nie gearbeitet habe und womöglich noch häßlich wäre, einen Teil des Erbes zuzusprechen. Der Koran griff mit den neuen Gesetzen gleich zweifach in die Privilegien der Männer gegenüber den Frauen ein. So wurde den männlichen Erben die Frau nicht nur als wichtiger Teil der Erbmasse genommen, sondern sie sollten den verbliebenen Rest auch noch mit den Frauen teilen.

## Das Eherecht

Die Ehe gründet sich nach islamischem Recht auf einen Vertragsabschluß zwischen dem Bräutigam und einem männlichen Verwandten oder Vormund der Frau. Dies gilt auch, wenn die Frau bereits die Volljährigkeit überschritten hat. Allerdings steht es der Frau zu, spezielle Forderungen vertraglich festschreiben zu lassen. Der Koran beschreibt die Ehe nicht nur als ein selbstverständliches Recht, sondern auch als eine Verpflichtung für die Gläubigen. Dazu heißt es beispielsweise:

»Wer von euch keine Mittel besitzt, um unter Schutz gestellte gläubige Frauen zu heiraten, der soll Frauen heiraten aus den Reihen der gläubigen Mägde (Sklavinnen), die eure rechte Hand besitzt.« (4, 25)

Zudem wird die Ehe zur einzig legitimen Form des geschlechtlichen Zusammenlebens erklärt.

»Und diejenigen, die keine (Gelegenheit) zur Ehe finden, sollen sich keusch halten, bis Gott sie aus seiner Fülle reich macht.« (4, 34)

An anderer Stelle werden Männer und Frauen gleichermaßen aufgefordert, ihre Blicke zu Boden zu senken und ihre Keuschheit zu wahren.

Das Eherecht, das Mohammed seiner Gemeinde hinterließ, stellt sich als zweischneidige Sache dar. Zum einen sichert es der Frau Privilegien, die sie in der Vergangenheit nicht hatte. So wird der Ehefrau beispielsweise zugestanden, die *Morgengabe*, die als Brautpreis ausgehandelt wurde, als ihren Besitz selbst zu verwalten. Als Anreiz für den Ehemann, eine dauerhafte Beziehung einzugehen, wird diesem freigestellt, das Brautgeld zu teilen. In diesem Fall muß er einen Teil direkt bezahlen, den zweiten erst bei einer eventuellen Scheidung. Darüber hinaus hat der Ehemann eine Reihe von Pflichten gegenüber seiner Frau zu erfüllen. Dazu gehört, daß er für Nahrung, Kleidung und Unterkunft sorgen muß.

Andererseits geht das Eherecht, wie es durch den Koran offenbart wird, von einer grundsätzlichen Unterlegenheit der Frau aus. Der Vers, der als die Wurzel der Unterdrückung betrachtet wird, findet sich in der Sure der Frauen:

»Die Männer haben Vollmacht und Verantwortung gegenüber den Frauen, weil Gott die einen vor den anderen bevorzugt hat und weil sie von ihrem Vermögen (für die Frauen) ausgegeben haben. Die rechtschaf-

**Morgengabe**

Die Zahlung des Brautgeldes, der sogenannten Morgengabe, ist eine aus vorislamischer Zeit übernommene Tradition. Der Koran legte jedoch fest, daß das Brautgeld, das häufig auch Sachwerte wie Schmuck und ähnliches enthält, allein als Vermögen der Frau gerechnet wird. Frauen sind dementsprechend nicht verpflichtet, dieses Geld in den gemeinsamen Hausstand einzubringen oder an die Eltern abzutreten. In der Praxis sieht es jedoch heute so aus, daß häufig ein Teil des Geldes zur Ausrichtung der Hochzeitsfeierlichkeiten verwendet und ein anderer Teil direkt in Sachwerte für den gemeinsamen Haushalt umgesetzt wird. Insbesondere in den konservativen Golfstaaten verlangen Familien aus den gesellschaftlichen Oberschichten mittlerweile so hohe Summen als Morgengabe für ihre Töchter, daß viele junge Männer die Heirat mit einer Ausländerin vorziehen. Als Folge dieser Entwicklung bleiben immer mehr Mädchen unverheiratet. Das Problem hat mittlerweile solche Ausmaße angenommen, daß einige Golfstaaten heiratswilligen jungen Männern einen entsprechenden Kredit gewähren, der in der Regel bei der Geburt des ersten Kindes erlassen wird.

fenen Frauen sind (ihren Männern) demütig ergeben und bewahren das, was geheimgehalten werden soll.« (4, 34)

Die weibliche Unterlegenheit ist hier als gottgewollt dargestellt und zusätzlich durch den Brautpreis begründet. Durch die Morgengabe kauft sich der Ehemann das Recht, über seine Frau zu verfügen.

Aber auch an anderer Stelle bevorzugen die Ehegesetze

des Koran die Männer. Während Frauen eine Beziehung nur zu einem Mann pflegen dürfen, also streng monogam leben müssen, wird Männern eine Höchstzahl von vier Ehefrauen zugestanden. Als Einschränkung ist dem *polygamen* Mann lediglich auferlegt, daß er seine Frauen gerecht behandeln muß.

Scheidung

Grundsätzlich ist es für den Mann wesentlich leichter, eine Scheidung herbeizuführen. Durch den dreimaligen Ausspruch der Scheidungsformel »Ich verstoße Dich« wird die Scheidung rechtskräftig. Werden diese Worte

**Polygamie**

Der Koran beschränkt die in vorislamischer Zeit unbegrenzte Polygamie auf höchstens vier Ehefrauen. Dazu heißt es in der Sure der Frauen: »Und wenn ihr fürchtet, in Sachen der (euch anvertrauten) Waisen nicht recht zu tun, dann heiratet, was euch an Frauen gutdünkt, (ein jeder) zwei, drei oder vier. Und wenn ihr fürchtet (so viele) nicht gerecht behandeln zu können, dann (nur eine)… So könnt ihr am ehesten vermeiden, daß ihr unrecht handelt.« Der Koran gibt also kein uneingeschränktes Freilos für die Polygamie, sondern betont vielmehr, daß gerechte Behandlung der Frauen die Grundvoraussetzung dafür sei. Viele Kenner des Islam gehen davon aus, daß die Erlaubnis zur Polygamie insbesondere im Zusammenhang mit dem Schutz der Waisen der Sicherung ihres Vermögens vor dem Zugriff anderer diente. Heute ist die Mehrehe in den meisten islamischen Ländern gesetzlich eingeschränkt und äußerst selten. Im Gegensatz zur polygamen Ehe kennt eine monogame Verbindung nur einen Partner.

nicht dreimal hintereinander ausgesprochen, sondern zunächst nur einmal, hat der Ehemann jederzeit das Recht, die Frau zurückzuholen. Dazu legt der Koran unter anderem fest:

> »Die Trennung ist zweimal erlaubt. Dann (sind die Frauen) in rechtlicher Weise (zu) behalten oder auf ordentliche Weise freizugeben.« (2,229)

Das Scheidungsrecht des Koran etabliert eine neue Einschränkung, die im vorislamischen Recht nicht verankert war. Um bei einer Schwangerschaft den Vater eindeutig zuordnen zu können, wird eine Scheidung erst nach drei weiteren Menstruationszyklen der Frau rechtskräftig. Sollte tatsächlich eine Schwangerschaft vorliegen, kann die Frau erst nach der Geburt ihres Kindes eine neue Ehe eingehen. Gleichzeitig wird den Männern empfohlen, ihre Frauen im Falle einer Schwangerschaft »zurückzunehmen«.

> »Wenn ihr euch von euren Frauen trennt, so trennt euch von ihnen für ihre vorgeschriebene Frist und berechnet die Frist (sorgfältig). Und fürchtet Gott, euren Herrn. Vertreibt sie nicht aus euren Häusern; noch sollen sie selbst fortgehen, es sei denn, sie begehen eine offenkundige Unsittlichkeit. Wenn sie das Ende der Frist erreicht haben, dann haltet sie in rechtlicher Weise oder trennt euch in rechtlicher Weise. Und nehmt zwei gerechte Leute von euch zu Zeugen und haltet das Zeugnis Gottes aufrecht.«

Frauen dagegen räumt der Koran kaum eine Möglichkeit ein, sich scheiden zu lassen. Die wenigen Scheidungsgründe beschränken sich auf nachweisbare Impotenz, den Schwur des Ehemanns zur sexuellen Enthaltsamkeit über mindestens vier Monate oder schwerwiegende Krankheiten des Ehemanns, die bei der Heirat nicht erkennbar waren.

**Weibliche Sexualität**

Frauen und weibliche Sexualität bringt der Koran an mehreren Stellen mit Fitna, der Versuchung oder dem Aufruhr, in Verbindung. Frauen werden also wegen ihrer Sexualität als potentiell bedrohliche Wesen eingestuft. Diese zerstörerische Kraft des Weiblichen thematisieren in islamischen Ländern auch häufig Sagen und Mythen. Frauen haben darin Macht über die Sinne der Männer, die ihnen damit schutzlos ausgeliefert sind. Gleichzeitig gelten Frauen als zügellos und stellen folglich eine Bedrohung für die legitime Vaterschaft eines Mannes dar.
Viele arabische Feministinnen gehen davon aus, daß der Kernpunkt der weiblichen Unterdrückung in islamischen Ländern in der Angst der Männer vor der aktiven weiblichen Sexualität liegt. Jede sexuelle Eigeninitiative der Frau bedroht das patriarchalische System und muß unterdrückt werden. Die Absonderung (Seklusion) der Frauen und ihre Erziehung zur Passivität ist die logische Folge und einzige Möglichkeit, die destruktive Kraft der weiblichen Sexualität zu kontrollieren.

Sexualität

Anscheinend hat man in der Frühzeit des Islam sehr viel offener über Sexualität geredet, als es heute in islamischen Ländern üblich ist. So berichten Zeitgenossen, daß in der ersten Muslimgemeinde lebhafte Diskussionen darüber geführt wurden, welche sexuellen Praktiken von Gott gebilligt werden, ob eine Frau ihrem Mann zu Willen sein muß und andere Fragen mehr. Trotz dieses Umstandes äußert sich der Koran selbst selten in direkter Form zur Sexualität. Der Vers:

»Eure Frauen sind euch ein Saatfeld, geht zu eurem Saatfeld, wo immer ihr wollt«

vergleicht die Frau mit der Fruchtbarkeit des Ackers. Der Sinn der Sexualität ist damit auf die Zeugung von Nachkommen reduziert. Gleichzeitig sind den Männern hier eindeutig Vorrechte eingeräumt. Um sie vor der Unzucht zu bewahren, wird ihnen gestattet, ihre Frauen aufzusuchen, wann immer sie sexuelle Begierde verspüren. Viele muslimische Gelehrte haben diesen Vers so interpretiert, daß sich die Frau den sexuellen Wünschen der Männer beugen muß. Ein in diesem Zusammenhang häufig zitierter Ausspruch Mohammeds, der aus der Sunna stammt, lautet:

»Wenn ein Mann seine Frau zu sich ins Bett ruft und sie sich weigert zu kommen, so werden die Engel sie bis zum Morgen verdammen.«

## Absonderung im Haus und Verschleierung

Alle Gebote, die der Koran hinsichtlich der Seklusion und der Verschleierung von Frauen direkt ausspricht, beziehen sich lediglich auf die Frauen des Propheten. So heißt es unter anderem:

»Ihr Gläubigen... Und wenn ihr die Gattinnen des Propheten um etwas bittet, dann tut es durch einen Vorhang. Auf diese Weise bleibt euer und ihr Herz rein.« (33, 53)

Diejenigen, die das Schleiergebot als allgemein gültig ansehen, argumentieren hingegen mit folgendem Vers:

»O Prophet, sag deinen Gattinnen und deinen Töchtern und den Frauen der Gläubigen, sie sollen etwas von ihrem Überwurf über sich herunterziehen. Das bewirkt eher, daß sie erkannt werden und nicht belästigt werden.« (33, 59)

An anderer Stelle heißt es:

> »Und sprich zu den gläubigen Frauen, sie sollen ihre Blicke senken und ihre Scham bewahren, ihren Schmuck (=Reize) nicht offen zeigen, mit Ausnahme dessen, was sonst sichtbar ist. Sie sollen ihren Schleier auf den Kleiderausschnitt schlagen und ihren Schmuck nicht offen zeigen, es sei denn ihren Ehegatten, ihren Vätern, den Vätern der Ehegatten, ihren Söhnen, den Söhnen ihrer Ehegatten, ihren Brüdern, den Söhnen ihrer Brüder und den Söhnen ihrer Schwestern, ihren Frauen oder denen, die ihre rechte Hand besitzt, den männlichen Gefolgsleuten, die keinen Trieb mehr haben, und den Kindern, die die Blöße der Frauen nicht beachten.« (24, 31)

Ob die genannten Verse zu züchtiger Kleidung oder zu einer tatsächlichen Verschleierung aufrufen, wird von verschiedenen Wissenschaftlern und Rechtsschulen unterschiedlich interpretiert.

Viele erklären das Schleiergebot mit den gesellschaftlichen Umständen jener Zeit. So wurde der Vers in einer Situation offenbart, als die politische Macht in Medina nicht allein in der Hand des Propheten lag und es für seine Frauen nicht mehr sicher war, sich auf den Straßen zu bewegen. Schließlich diente der Schleier als Kennzeichnung der Gläubigen gegenüber den Sklavinnen.

Fatema Mernissi, die bekannte marokkanische Soziologin und Frauenrechtlerin, bezeichnet das Schleiergebot als Abschied Mohammeds von seinem Traum einer freien Gesellschaft, in der allein der muslimische Glaube als soziale Kontrolle wirken sollte.

Ebenso umstritten wie die Frage der Verschleierung ist auch, ob der Islam eine räumliche Absonderung der Frauen von der »Männerwelt« verlangt. Hinsichtlich der »Mütter der Gläubigen«, der Frauen des Propheten, gibt es eindeutige Hinweise dafür. So heißt es:

»O Frauen des Propheten, ihr seid nicht wie andere Frauen! Wenn ihr rechtschaffen seid, dann seid nicht geziert im Reden, damit nicht der, in dessen Herzen Krankheit ist, Erwartungen hege, sondern redet in geziemenden Worten. Und haltet euch in euren Häusern auf. Und stellt nicht euren Schmuck zur Schau wie in der Zeit der früheren Unwissenheit. Verrichtet das Gebet und entrichtet die Abgabe an Gott und seinen Ge-

**Harem**

Das Wort Harem ist eigentlich die Bezeichnung für einen heiligen, unverletzlichen Ort. Im allgemeinen Sprachgebrauch bezeichnet der Harem jedoch den Teil eines orientalischen Hauses, in dem sich die Frauen der Familie aufhalten und zu dem männliche Besucher keinen Zutritt haben. Der Harem ist in der Regel so gebaut, daß sich die Räume um einen oder mehrere Innenhöfe ohne direkten Zugang zu den anderen Teilen des Hauses gruppieren. Mit der erfolgreichen Ausbreitung des Islam und dem wachsenden Reichtum der muslimischen Oberschicht war der Harem bald in der ganzen Mittel- und Oberschicht etabliert. Dabei ist der Harem keine typische islamische Einrichtung. Weder Koran noch Sunna empfehlen die Isolierung der Frauen. Er war vielmehr ein soziales Privileg der wohlhabenden Musliminnen gegenüber ihren ärmeren Glaubensschwestern. In der Blütezeit der Haremskultur gab es nicht wenige Frauen, die diesen nur zweimal im Leben verließen: zu ihrer Hochzeit und nach ihrem Tod. Seine Tradition hat sich trotz häufiger politischer Veränderungen bis Anfang des 20. Jahrhunderts, in konservativen Kreisen der arabischen Golfstaaten sogar bis heute weitgehend erhalten.

sandten. Gott will die Unreinheit von euch entfernen, ihr Leute des Hauses, und euch völlig rein machen.« (33, 33)

Dieses Gebot bezieht sich jedoch ausdrücklich auf die Frauen des Propheten. Darüber hinaus liefert der Koran an keiner Stelle Hinweise darauf, daß Gott die Absonderung der Frauen wünsche. Zudem sprechen viele zeitgenössische Überlieferungen dafür, daß das gesellschaftliche Leben zur Zeit des Propheten nicht streng in eine Männer- und eine Frauenwelt unterteilt war. Männer und Frauen trafen sich auf der Straße, diskutierten und beteten miteinander.

Eine religiöse Erklärung dafür, warum sich die Absonderung der Frau und die *Harems*tradition dennoch durchsetzen und über Jahrhunderte halten konnte, kann nur indirekt vom Koran gegeben werden. Da die Frauen des Propheten immer wieder als Vorbild für alle Musliminnen dargestellt werden, wurden die an sie gerichteten Handlungsanweisungen nach und nach von allen gläubigen Frauen befolgt.

### 3. Das Bild der Frau in den Hadithen

Die Sammlung der Hadithe, die Sunna, gibt Aufschluß über das Leben Mohammeds und der ersten muslimischen Gemeinde. Gleichzeitig lassen sich jedoch in vielen Bereichen Widersprüche zu den ursprünglichen Geboten des Korans und innerhalb der Hadithe selbst finden. Auch wenn die Autoren ausgesprochen sorgfältig vorgingen, ist ihr Anspruch auf Authentizität in vielen Fällen umstritten. Trotzdem haben sie in der religiösen und gesellschaftlichen Praxis von Muslimen erhebliche Spuren hinterlassen.

Das Bild der Frau, das in der Sunna gezeichnet wird, umfaßt alle Schattierungen von »der Heiligen« bis zur

»Schlechten« und »Unreinen«. Die Aussprüche, die sich auf die Ehefrauen des Propheten beziehen, sind voller Liebe und Hochachtung und zeugen von einer engen Beziehung zwischen Mohammed und seinen Frauen. Darüber hinaus werden die »Mütter der Gläubigen« als Inbegriff der wahren Musliminnen und gleichzeitig als religiöse Autorität dargestellt. So soll der Propheten selbst gesagt haben:

> »Lernt einen Teil eurer Religion bei der kleinen Rothaarigen (gemeint ist Aischa).«

In vielen Überlieferungen vertritt Mohammed die Rechte der Frau:

> »Die Frauen sind die Zwillingshälften der Männer. Gott erlegt euch auf, eure Frauen gut zu behandeln, denn sie sind eure Mütter, Töchter und Tanten.« An anderer Stelle erläutert er: »Die ihre Frauen schlagen, handeln nicht gut.«

Auch in bezug auf die Eheschließung ist ein Ausspruch Mohammeds überliefert, der sich eindeutig für das Selbstbestimmungsrecht der Frauen ausspricht:

> »Niemand, nicht einmal der Vater oder der Souverän, kann eine erwachsene, geistig zurechnungsfähige Frau ohne ihre Einwilligung rechtmäßig verheiraten, gleich ob sie Jungfrau ist oder nicht.«

An anderer Stelle wird die Aussage, daß eine Frau ihrem Ehemann jederzeit sexuell zu Willen sein müsse, durch die Sunna relativiert:

> »Ihr dürft euch nicht wie Tiere auf eure Frauen werfen, sondern es muß erst ein Bote zwischen euch sein.«

Auf die Frage seiner Anhänger, was für ein Bote das sei, antwortete Mohammed: »Süße Worte und Küsse.«

**Hadith**

Als Hadith (arab.: Mitteilung, Rede, Bericht) bezeichnet man zunächst mündlich überlieferte und später schriftlich fixierte Aussprüche Mohammeds in bezug auf Handlungsanweisungen, Stellungnahmen und Wertungen in verschiedenen religiösen und gesellschaftlichen Fragen. Sie gelten als weitere Quelle zur Interpretation dessen, was Muslimen verboten oder erlaubt ist. Insbesondere geben sie Auskünfte über Fragen des alltäglichen Lebens wie »Welche Pflichten hat der Mann gegenüber seiner Frau?«, »Welchen Status hat ein uneheliches Kind?« oder auch »Wie soll man sich im Bürgerkrieg verhalten?« Im 9. Jahrhundert wurden die kursierenden Hadithe von führenden Theologen gesammelt, auf ihre Echtheit überprüft und schriftlich festgehalten. Ein als authentisch anerkannter Hadith mußte eine lückenlose Kette von vertrauenswürdigen Überlieferern aufweisen, die bis zu den Lebzeiten Mohammeds zurückreichte. Der berühmteste Hadithsammler war Bukhari, ein Gelehrter, der 870 geboren wurde und insgesamt 600.000 Hadithe sammelte.

In anderen Abschnitten hinterlassen die Hadithe das Bild eines ausgesprochen frauenfeindlichen Propheten, das im krassen Widerspruch zu den oben genannten Aussprüchen steht. Ein großer Teil dieser Überlieferungen geht angeblich auf Abu Bakr und Abu Huraira, zwei enge Gefolgsleute des Propheten, zurück.

Abu Bakrs Erinnerungen beziehen sich insbesondere auf politische Fragen. So soll der Statthalter von Basra Mohammeds Frau Aischa, die die Gläubigen im Jahr 656 zur sogenannten Kamelschlacht aufrief, die Gefolgschaft mit einem von Abu Bakr überlieferten Hadith verweigert haben:

> »Der Prophet hat gesagt: Niemals wird das Volk zu Wohlstand gelangen, wenn es die Macht einer Frau anvertraut.«

Die Frauen des Propheten, insbesondere Aischa und Umm Salma, bemühten sich noch zu ihren Lebzeiten um die Richtigstellung vieler angeblicher Aussprüche Mohammeds. So steht in der Sunna:

> »Der Prophet hat gesagt, daß der Hund, der Esel und die Frau das Gebet unterbrechen, wenn sie vor dem Gläubigen vorbeigehen, denn sie stellen sich zwischen ihn und die Qibla (die Richtung nach Mekka).«

Aischa berichtete dagegen, daß sie häufig zwischen dem Propheten und der Qibla auf dem Bett gelegen sei, während er sein Gebet verrichtete. Oder:

> »Das Unglück liegt in drei Dingen: dem Haus, der Frau und dem Pferd.«

Aischa warf dem Verfasser Abu Huraira vor, er habe nur einen Teil der Lektion Mohammeds mit angehört. Die ursprünglichen Worte des Propheten seien gewesen:

> »Möge Gott die Juden bekämpfen, sie sagen: Drei Dinge bringen Unglück, das Haus, die Frau und das Pferd.«

Diese Korrektur wurde in der Sunna jedoch nicht berücksichtigt. Vielmehr folgen vom selben Verfasser zwei weitere frauenfeindliche Aussagen:

> »Ich hinterlasse dem Mann keine schädlicheren Unruhestifter als die Frauen.« und: »Ich habe einen Blick ins Paradies geworfen und habe bemerkt, daß sich die Mehrheit seiner Bewohner aus armen Leuten zusammensetzt. Ich habe einen Blick in die Hölle geworfen, und ich habe bemerkt, daß dort die Frauen in der Mehrzahl sind.«

# III. Musliminnen in traditionellen Gesellschaftsformen

Die im folgenden beschriebenen weiblichen Verhaltensmuster beziehen sich insbesondere auf das Leben in der traditionellen Familie, das durch patriarchalische Strukturen und weitgehende Geschlechtertrennung bestimmt ist. Diese Form des weiblichen Rollenverständnisses existiert vor allem in ländlichen Gebieten und in der Großfamilie.

**Aischa**

Aischa war allen Überlieferungen zufolge die Lieblingsfrau Mohammeds. So wird sie immer wieder als »die Geliebte des von Gott Geliebten« oder die »Frau des Propheten auf Erden und im Paradies« tituliert. Auch soll der Prophet auf die Frage eines Schülers, wen er am meisten liebe, freimütig mit »Aischa« geantwortet haben. Aischa war zehn Jahre alt, als sie in das Haus des Propheten umzog. Bei seinem Tod war sie gerade achtzehn. Schon zu Lebzeiten Mohammeds machte sie sich als politische Führerin im Harem und der Konkurrentin von Umm Salma, die der Prophet als politische Beraterin sehr schätzte, einen Namen. Nach dem Tod Mohammeds nahm die politische Autorität Aischas unter den Gläubigen noch weiter zu. Im Jahr 656 führte sie von einer Kamelsänfte aus eine Schlacht gegen Ali, einen Kalifen und Schwiegersohn Mohammeds. Aischa verlor die Schlacht und büßte 13.000 Männer ein. Ihre militärische Karriere war damit beendet. Dennoch agierte sie bis zu ihrem Tod im politischen Hintergrund und war auch als religiöse Autorität anerkannt.

Es wäre jedoch falsch, die städtische Kleinfamilie grundsätzlich mit moderneren Lebensformen gleichzusetzen. Für viele Frauen in der Stadt, insbesondere solche, die nicht berufstätig sind und keine höhere Ausbildung genosssen haben, treffen die vorgestellten Verhaltensmuster ebenso zu.

## 1. Kindheit und Jugend

Zwar hat der Koran den Kindesmord an weiblichen Neugeborenen abgeschafft, doch ist nach wie vor in den wenigsten Familien ein Mädchen ebenso willkommen wie ein Junge. So wird dem Vater die Geburt eines Mädchens mit Bedauern mitgeteilt, ein männlicher Nachkomme hingegen gefeiert. Insbesondere bei den ungebildeteren Schichten schiebt man die »Schuld« für die Geburt des Mädchens der Frau zu. Sollten nacheinander mehrere Töchter geboren werden, sind Drohungen seitens des Ehemanns, die Frau zu verstoßen, keine Seltenheit. Die Geburt von Töchtern kann auch ein Grund dafür sein, daß sich ein Mann eine zweite Frau sucht.

Die Diskriminierung von Mädchen kommt auch in vielen Redensarten zum Ausdruck. So heißt es in einem maghrebinischen Sprichwort:

> »Lieber einen Sack Flöhe hüten als eine Schar junger Mädchen. Es ist gefährlich, sie aus dem Haus zu lassen, und es ist gefährlich, sie hereinzulassen.«

Die Gründe für die Bevorzugung von Söhnen sind zahlreich. In traditionellen Familien fällt dem Mann nach wie vor die Rolle des Ernährers zu, der Frau die der Mutter und Hausfrau. Damit haben Töchter von vornherein in der Familie nur eine Position sozusagen auf Zeit. Sie werden eines Tages heiraten, in der Familie ihres Ehemanns leben und arbeiten. Ein algerisches Sprichwort beschreibt diese Situation folgendermaßen:

»Mädchen sind wie Federvieh, man füttert sie ein ganzes Jahr und ißt sie an einem Tag.«

Söhne hingegen gelten als eine Art Altersversicherung für die Eltern, da sie in der Regel im elterlichen Haus bleiben, heiraten und Geld verdienen werden. Die eingeheirateten Schwiegertöchter übernehmen den größten Teil der Hausarbeit, so daß die Eltern im Alter sowohl finanziell als auch rein praktisch versorgt sind. Zudem sichert ein Sohn den Fortbestand der Sippe, da – so die Vorstellung – das

**Ehre und Schande**

In traditionellen islamischen Gesellschaften zählt der Mensch nicht als Individuum, sondern als Repräsentant seiner Familie. Ist ein Mann beispielsweise erfolgreich oder barmherzig, erhöht er die Ehrwürdigkeit seiner Sippe. Der höchste Stellenwert im Ehrenkodex einer Familie wird jedoch dem sexuellen Verhalten ihrer weiblichen Mitglieder beigemessen. Benimmt eine Frau sich schamlos, bringt sie über die ganze Familie Schande. Die Ehre eines Menschen, insbesondere die einer Frau, ist von so großer Bedeutung, daß sie häufig zum Inhalt von Schwüren genommen wird. So schwört ein Mann nicht nur bei Gott, sondern auch bei der Ehre seiner Schwester oder seiner Mutter. Der Ehrverlust durch sexuelles Fehlverhalten kann kaum wieder gutgemacht werden, es sei denn, die Betroffene wird von einem männlichen Verwandten getötet. Dieser Akt löscht die Blutschande aus. Der Mord zur Erhaltung der Familienehre ist mittlerweile in fast allen islamischen Ländern verboten und wird nur noch äußerst selten praktiziert. Im Zweifelsfall können die Täter jedoch mit einer recht milden Bestrafung rechnen.

»Blut« nur über die männliche Linie vererbt wird. Gibt es in einer Familie keine Söhne, stirbt sie aus.

Der vielleicht wichtigste Grund, warum Söhne bevorzugt werden, liegt in dem Phänomen, das die irakische Soziologin Sana al-Khayyat mit *Ehre und Schande* bezeichnet. Während das Verhalten von Söhnen in der Regel nur auf sie selbst zurückfällt, sind Mädchen immer gegenüber ihrer Familie verpflichtet. Verhält sich ein Mädchen nicht der Norm entsprechend, z. B. indem es eine voreheliche Beziehung eingeht oder unsittsame Kleidung trägt, bringt es Schande über die ganze Familie.

Die Erziehung und das Leben der Mädchen ist von diesem hohen moralischen Anspruch von Anfang an beeinflußt. Da das Wichtigste im Leben einer Frau die Ehre ist, müssen Mädchen ständig beaufsichtigt werden. Häufig beginnt deren Benachteiligung bereits in der Stillzeit. Man fürchtet nämlich, daß Mädchen, die zu lange an der Mutterbrust liegen, verwöhnt und ungehorsam werden. Bei Söhnen ist es dagegen Brauch, sie möglichst lange zu stillen.

Entgegen der Behauptung einiger Feministinnen wirkt sich dieser Umstand jedoch nicht auf die Kindersterblichkeit aus. Die Sterblichkeitsrate der männlichen Säuglinge liegt immer noch über derjenigen der Mädchen.

## Sozialisation von Mädchen

Die Erziehung der Kinder obliegt traditionell der Mutter. Deshalb fallen alle Fehler, die die Kinder begehen, auf sie zurück. Während von Mädchen aus diesem Grund uneingeschränkter Gehorsam erwartet wird, können Jungen sich trotzdem Widerspruch oder Ungehorsam erlauben. Schließlich ist Durchsetzungskraft als männliche Eigenschaft anerkannt und daher für das spätere Rollenverhalten erwünscht.

Natürlich wirkt sich die unterschiedliche Behandlung von Jungen und Mädchen unweigerlich auf deren Entwicklung aus.

Mädchen führt man von Anfang an ihre Unterlegenheit gegenüber den Brüdern und anderen Jungen in der Familie vor Augen, was spätere Unsicherheit in der Beziehung zu ihrem Ehemann verursachen kann. Den Brüdern wird dagegen schon früh eine Autorität gegenüber den Schwestern eingeräumt, sie dürfen diese zurechtweisen und ihnen Verbote erteilen.

Als oberstes Gebot für kleine Mädchen gilt Ruhe, Freundlichkeit und vor allem Zurückhaltung. Es gehört sich z. B. nicht, daß ein Mädchen zuerst mit dem Essen beginnt. Auch ist es für Mädchen und Frauen nicht schicklich, laut zu reden oder herzhaft zu lachen. Sie sollen mit ihren Wünschen möglichst warten, bis man sie danach fragt. Jungen hingegen dürfen ihre Forderungen laut äußern. Auch wenn kleine Mädchen vor der Pubertät eine relativ große Bewegungsfreiheit außer Haus haben, bleiben sie doch in ihren Entfaltungsmöglichkeiten beschränkt. Denn viele Dinge, zu denen Jungen von Erwachsenen angehalten werden, gelten für Mädchen als verpönt. Dies wird insbesondere im Bereich von Spiel und Sport deutlich. Während Bäumeklettern, Herumtollen und Balgereien bei Jungen gern gesehen sind, bleiben Mädchen von solchen Spielen in der Regel ausgeschlossen – nicht zuletzt aus Angst davor, ihr Jungfernhäutchen könnte verletzt werden.

In einigen islamischen Ländern, beispielsweise in ländlichen Gebieten des Sudan, Ägyptens, des Jemen oder der Golf-Staaten, werden Mädchen im vorpubertären Alter zur Unterdrückung des weiblichen Sexualtriebes und zur Wahrung der Tugend beschnitten. Entgegen einer weitverbreiteten Meinung handelt es sich bei der weiblichen *Beschneidung* jedoch nicht um einen islamischen Brauch. Der Koran gibt keinerlei Empfehlung oder Anweisung in diese Richtung.

Doch nicht nur, daß den Mädchen unbefangenes Spielen oft vorenthalten bleibt, auch zur häuslichen Arbeit

**Beschneidung**

Die weibliche Beschneidung ist vor allem in afrikanischen Ländern wie Somalia, Äthiopien und Dschibuti, aber auch in bestimmten Regionen Sudans, Ägyptens und auf der Arabischen Halbinsel weit verbreitet. Sie wird gleichermaßen von muslimischen und nicht-muslimischen Bevölkerungsgruppen durchgeführt, ein Beweis dafür, daß es sich um keine islamische Tradition handelt. Bei der weiblichen Beschneidung werden drei verschiedene Praktiken angewandt. Die verbreitetste Form ist die sogenannte Sunna-Beschneidung, bei der man nur die Spitze der Klitoris abtrennt. Bei einer anderen Methode werden die gesamte Klitoris sowie die kleinen Schamlippen entfernt. Die radikalste Form der Beschneidung ist die sogenannte Infibulation. In diesem Fall werden nach der vollständigen Entfernung von Klitoris und kleinen Schamlippen die großen Schamlippen zugenäht, wobei nur eine kleine Öffnung zum Abfließen von Urin und Menstruationsblut gelassen wird. Für die Hochzeitsnacht werden die Frauen dann – teilweise von ihren Ehemännern – so weit wieder aufgeschnitten, daß der Geschlechtsverkehr möglich ist. Da diese Eingriffe häufig unter den primitivsten hygienischen Umständen erfolgen, sind Infektionen und Spätfolgen häufig. Die Gesundheitsministerien der meisten Länder, in denen die weibliche Beschneidung zur Tradition gehört, versuchen deshalb, die Bevölkerung durch gesetzliche Regelungen und Aufklärungskampagnen von dieser Praxis abzubringen. Da sie aber besonders in einigen ländlichen Gebieten nach wie vor als Voraussetzung für eine gute Ehe gilt, ist es trotz der Verbote schwer, die Sitte auszurotten.

müssen sie schon früh einen ganz erheblichen Teil beitragen. So werden die Töchter ärmerer Familien bereits in jungen Jahren zur Mithilfe im Haushalt oder zur Beaufsichtigung der kleineren Geschwister herangezogen. Das Bild von fünf- oder sechsjährigen Mädchen, die kleine Geschwister auf dem Rücken schleppen, gehört zum Alltag. Insbesondere in den unteren sozialen Klassen erzieht man die Mädchen so, daß sie ab zwölf Jahren einen Haushalt allein führen können. In manchen Ländern, in denen das traditionelle Handwerk wie Teppichknüpfen oder Stickereien verbreitet ist, werden Mädchen als Verdienstquelle gesehen und durch Heimarbeit oder in Manufakturen beschäftigt. So ist beispielsweise in Marokko der Anblick von sechsjährigen Mädchen in den Teppichknüpfereien keine Seltenheit.

Grundsätzlich zielt die traditionelle Erziehung von Töchtern darauf ab, sie auf ihre spätere Rolle als Hausfrau und Mutter vorzubereiten. Dementsprechend gilt Bildung in vielen Familien zwar als wünschenswert, aber nicht unbedingt notwendig. Denn nach wie vor genießt die traditionelle Rolle der Hausfrau und Mutter einen höheren gesellschaftlichen Stellenwert als die der berufstätigen Frau. Dabei darf jedoch nicht vergessen werden, daß ein großer Teil der als Hausfrauen bezeichneten Frauen beispielsweise in der familieneigenen Landwirtschaft erhebliche Zusatzarbeit leistet.

Ein zu hohes Bildungsniveau der Töchter ist auch aus anderen Gründen nicht unbedingt erstrebenswert. So kann Bildung im Zweifelsfall die Heiratschancen eines Mädchens eher mindern als erhöhen. Denn in traditionsbewußten Familien wird es nicht gerne gesehen, wenn Frauen einen höheren Bildungsstand haben als ihre Ehemänner, könnte dies doch zu Überheblichkeit und Aufmüpfigkeit führen.

Zwar besteht mittlerweile in allen islamischen Ländern für Jungen und Mädchen gleichermaßen Schulpflicht,

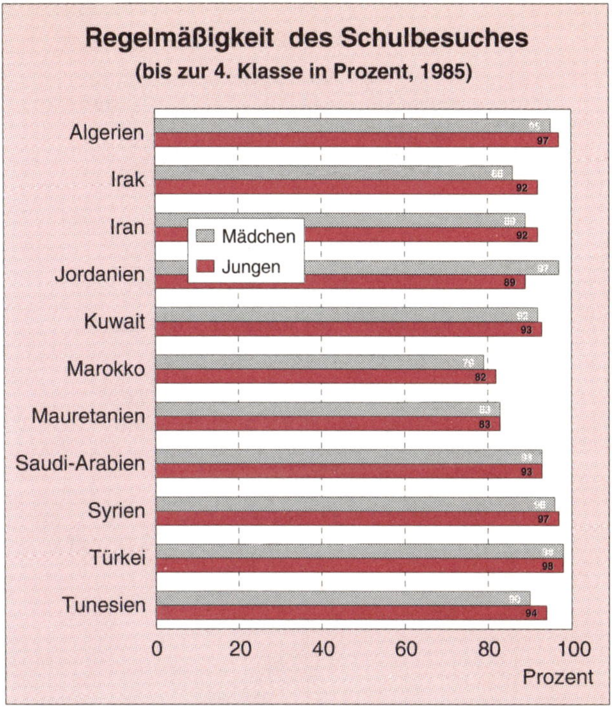


doch werden Mädchen aus den genannten Gründen normalerweise nicht so lange in die Schule geschickt wie ihre Brüder. Hinzu kommt, daß wenig begüterte Eltern, die nicht allen Kindern eine Schulbildung ermöglichen können, meist den Söhnen den Vorzug dabei geben. Kommt ein Mädchen in die Pubertät, wird es häufig in der Befürchtung, daß es seine Ehre verlieren könnte, von der Schule genommen. Diese weit verbreitete Angst führt dazu, daß man in einigen Ländern wieder getrennte Mädchen- und Jungenschulen einführt. Da aber auch auf dem Schulweg »Gefahren« lauern, werden viele Mädchen von einem männlichen Verwandten in die Schule begleitet.

## Erziehungswesen I

**Einschulraten von Mädchen an Grundschulen (Prozentsatz der Mädchen der jeweiligen Altersgruppe)**

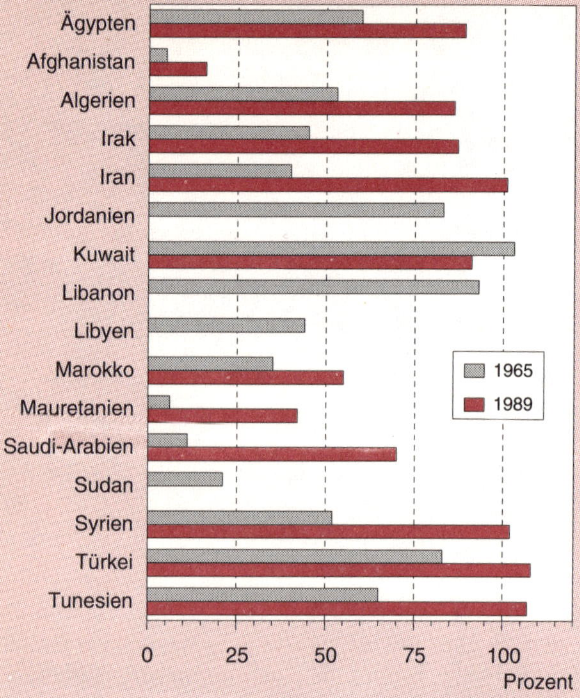


Anmerkung: In manchen Ländern kommt es zu Werten über 100 %, weil einige Schülerinnen älter oder jünger als das angenommene Durchschnittsalter der Grundschüler im jeweiligen Land waren.

1989 z. T. fehlende Angaben

## Pubertät

Das Leben der Mädchen ändert sich mit der Pubertät erheblich. Die Erhaltung ihrer Ehre rückt in den Mittelpunkt des Familieninteresses. Schließlich ist ein guter Ruf Voraussetzung dafür, einen ehrbaren Ehemann zu finden.

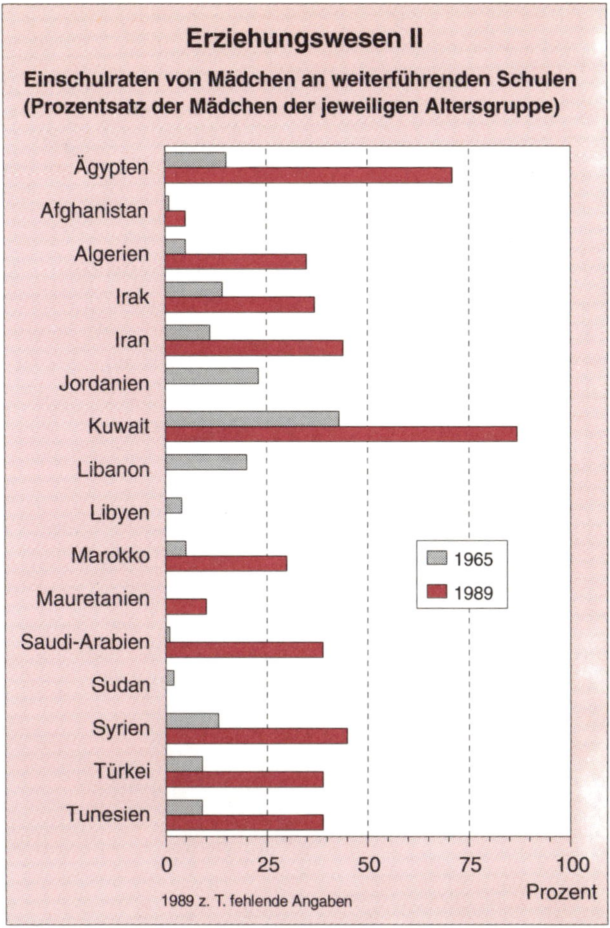


Mit der ersten Menstruation sind fortan alle männlichen Verwandten sowie die älteren Frauen der Familie um das Ansehen des Mädchens besorgt. Als anständige Tochter verläßt sie möglichst selten das Haus und wenn, dann nur in Begleitung eines männlichen Verwandten oder einer älteren Frau.

Trotz der alles umfassenden Rolle, die der »Ehrbegriff« in der Erziehung der Mädchen spielt, bleiben sexuelle Aufklärung und auch die Vorbereitung auf die Pubertät als Tabus weitgehend unangetastet. Durch die Unsicherheit der Mütter, diese Themen anzusprechen, werden viele Töchter ganz und gar ahnungslos von der Pubertät überrascht und gehen später völlig unvorbereitet in die Ehe. Die erste Menstruation wird so für viele Mädchen zu einem Schockerlebnis. Sana al-Khayyat, die irakische Soziologin, fand heraus, daß nur wenige Frauen von ihren Müttern oder älteren Schwestern auf ihre Periode vorbereitet wurden. Aus vielen Bruchstücken, wie der Bedeutung des blutbefleckten Taschentuchs in der Hochzeitsnacht, reimen sich die Betroffenen oft sogar zusammen, daß sie mit dem ersten Tropfen Menstruationsblut ihre Jungfräulichkeit verloren haben.

Die Heirat stellt für viele ein weiteres traumatisches Ereignis dar. Zwar ist ihnen von anderen Hochzeitsfeiern die Bedeutung der Entjungferung als abstrakter Begriff bekannt, genauere Informationen über den Geschlechtsakt oder sexuelle Praktiken erhalten sie jedoch nur selten. Sie erfahren lediglich, daß es eine religiöse Pflicht sei, dem Mann in allem zu gehorchen.

## 2. Ehe, Mutterschaft und Scheidung

Die Sozialisation junger Mädchen in traditionellen islamischen Gesellschaften bereitet Frauen also auf ihre eigentliche Bestimmung als Mütter und Ehefrauen vor. Dabei bedeutet eine Ehe nach dem traditionellen Verständnis in erster Linie die Verbindung zwischen zwei Familien, die Paarbeziehung tritt dagegen in den Hintergrund. Die Braut wird nach der Heirat in das Haus des Ehemanns umziehen und dort den größten Teil des Tages mit der Schwiegermutter, den Schwägerinnen und eventuell anderen weiblichen Verwandten verbringen.

Dementsprechend ist die traditionelle Hochzeit, die bis zu den fünfziger Jahren in allen muslimischen Ländern üblich war, ein Arrangement zwischen zwei Familien. Handelt es sich nicht um eine *Vetternehe*, der Eheschließung zwischen Cousine und Cousin, lernt sich das Brautpaar häufig erst am eigentlichen Hochzeitstag kennen oder begegnet sich vorher allenfalls mal im Beisein anderer Familienmitglieder.

Eine Hochzeit wird dann arrangiert, wenn es die Familie des Bräutigams für angemessen hält. Für die Familie

**Vetternehen**

Obwohl der Islam sie nicht fördert, sind Ehen zwischen Cousins und Cousinen in traditionsbewußten Familien eine bevorzugte Art der Verbindung. In diesem Fall ist die jeweilige Schwiegerfamilie nicht nur mit all ihren guten und schlechten Eigenschaften ausreichend bekannt, es bleibt darüber hinaus das Brautgeld in der eigenen Sippe. Da die Familie des Vaters grundsätzlich als wichtiger angesehen wird, haben Cousins väterlicherseits Vorrechte gegenüber denen der mütterlichen Seite. Auch wenn eine Heirat zwischen Cousin und Cousine nach wie vor als ideale Form der Ehe gilt, ist sie in der Praxis nicht besonders häufig. Nach Schätzungen haben sie je nach Land einen Anteil von zwei bis 15 Prozent an allen geschlossenen Ehen. Häufig ist der Altersunterschied zu groß, der Cousin zu arm, zu dumm oder zu unzuverlässig, so daß die Brauteltern ihm ihre Tochter nicht anvertrauen wollen. In einigen Familien geht das Recht des Cousins auf seine Cousine väterlicherseits jedoch so weit, daß ihm sein Recht abgekauft werden muß, wenn das Mädchen mit einem anderen Bewerber verheiratet werden soll.

des Mädchens ist es unschicklich, sich öffentlich um einen Bräutigam zu bemühen. Natürlich werden Besuche bei Verwandten und Bekannten immer als Gelegenheit genutzt, den Heiratsmarkt auszuloten und mögliche Anträge zu beschleunigen. Als offizielle Heiratsvermittler fungieren jedoch in erster Linie die Mütter der Söhne. Hält ein Mann schließlich auf Geheiß seiner Mutter um die Hand einer jungen Frau an, ist es wiederum an der Familie der Braut, Erkundigungen über die Familie und den Bewerber selbst einzuholen. Ausschlaggebend für die Entscheidung sind in der Regel der gute Ruf der Familie, die finanzielle Situation und der Gesundheitszustand des Bräutigams. Scheinen die Voraussetzungen für eine Eheschließung den Erwartungen beider Familien zu entsprechen, beginnen die Verhandlungen über die Höhe des Brautgeldes. Dieses wird im Ehevertrag festgehalten.

Selbst wenn die Sunna ausdrücklich vorschreibt, daß keine Frau gegen ihren Willen verheiratet werden darf, haben Mädchen aus traditionsgeprägtem Hause kaum eine Möglichkeit, sich der Entscheidung ihrer Familie zu widersetzen. Die meisten vertrauen jedoch ohnehin auf deren Wahl. Einerseits entspricht dies der Tradition und ihrer Erziehung, andererseits ist es ihnen infolge ihres behüteten Lebens kaum möglich, eine eigene Beziehung aufzubauen. Zudem verschlechtern sich die Heiratschancen für Mädchen, die mehrere Bewerber abgelehnt haben, erheblich. Sie gelten als zu eigenwillig und damit als schlechte Partie.

Die Angst davor, daß die Tochter »übrigbleibt« oder ihre Tugend verlieren könnte, führt dazu, daß viele Frauen sehr früh verheiratet werden. Dies gilt besonders dann, wenn die Mädchen keine höhere Ausbildung anstreben. Selbst wenn in vielen Ländern ein gesetzliches Mindestheiratsalter besteht, das in der Regel bei 17 Jahren aufwärts liegt, setzen sich die Familien immer wieder darüber hinweg.

## Ehefrauen

Zieht die junge Frau nach der Hochzeit in die Familie ihres Mannes, hat sie es nicht immer leicht, sich eine Position unter den anderen Familienmitgliedern zu erkämpfen.

Grundsätzlich wird sie zunächst als Fremde gesehen, die gegebenenfalls schlecht über ihr neues Heim reden könnte. Deshalb bemüht sich die Familie zunächst darum, die Schwiegertochter möglichst wenig ausgehen zu lassen. Besuche bei der eigenen Familie und bei Freundinnen werden begrenzt. Wegen der engen Mutter-Sohn-Beziehung kommt es nicht selten zu Eifersüchteleien zwischen der jungen Frau und ihrer Schwiegermutter. Der sicherste Weg, in der neuen Familie Aufnahme zu finden, ist deshalb, durch Fleiß, Anpassung und gute Manieren das Herz der Schwiegermutter zu erobern. Um diese Tugenden zu erproben, werden frischgebackene Ehefrauen häufig mit besonders schweren Hausarbeiten wie Wasserholen oder Brotbacken beauftragt.

Da die Großfamilie Intimität und Zweisamkeit eines Ehepaares außerhalb des gemeinsamen Schlafzimmers kaum zuläßt, fällt es jungen Paaren häufig schwer, sich überhaupt kennenzulernen und eine persönliche Beziehung zueinander aufzubauen. Hinzu kommt, daß der Sinn der Ehe nicht in einem partnerschaftlichen Verhältnis gesehen wird, sondern in der Fortpflanzung der männlichen Sippe oder, im religiösen Sinne, in der Erweiterung der *Umma*, der Gemeinschaft der Gläubigen. Ganz in den Hintergrund gerückt ist dabei, daß das Familienbild des Koran auch auf Zuneigung und Liebe von Mann und Frau gründet.

## Mutterschaft

»Das Paradies liegt zu Füßen der Mütter« – so überliefert es die Sunna, die Tradition des Propheten. Der Status der Frau innerhalb ihrer neuen Familie erhöht sich dement-

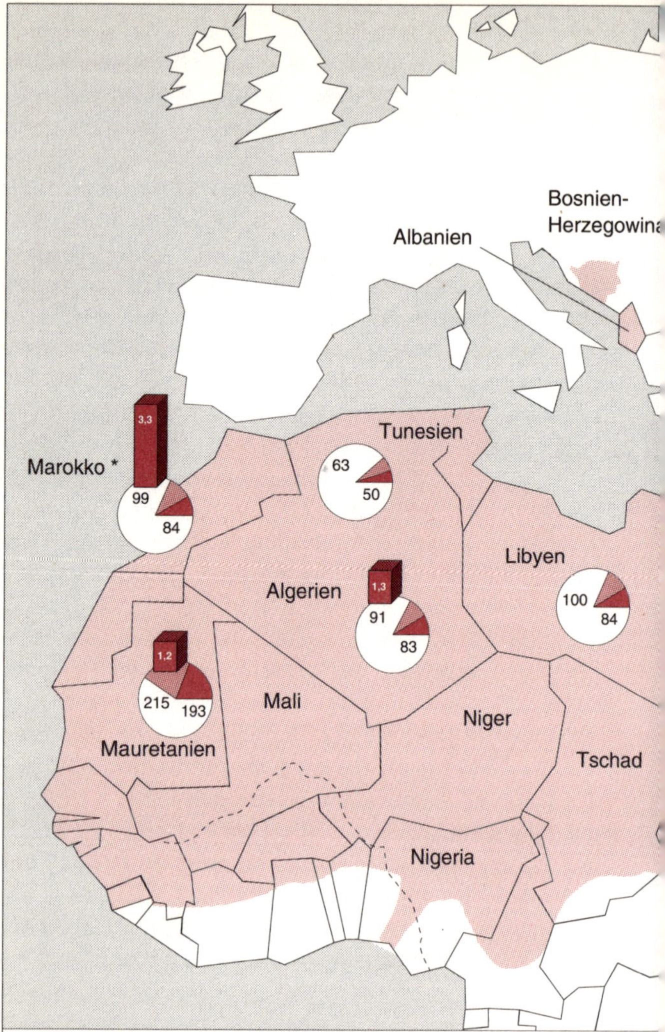


## Kinder- und Müttersterblichkeit 1990

**Kindestode bis zum fünften Lebensjahr je 1.000 Lebendgeburten**
**Müttertode je 1.000 Lebendgeburten (Studien)**

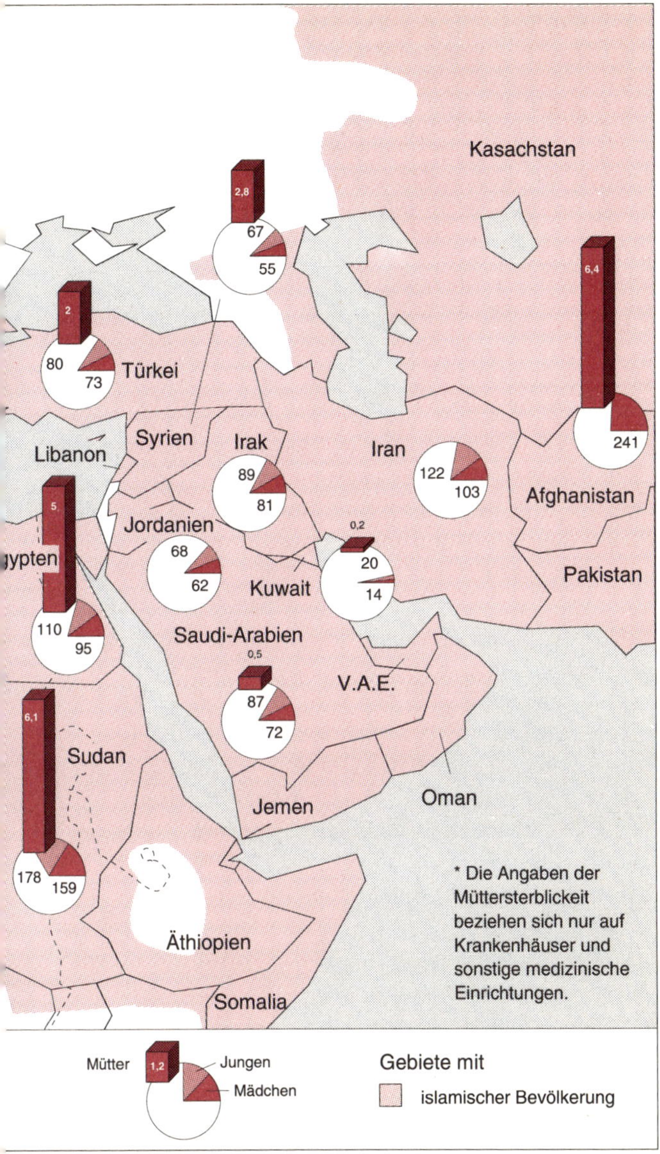
Kasachstan
2,8
67
55
6,4
241
2
80
73
Türkei
Syrien
Libanon
Irak
89
81
Iran
122
103
Afghanistan
5
ypten
Jordanien
68
62
Kuwait
0,2
20
14
Pakistan
110
95
Saudi-Arabien
0,5
87
72
V.A.E.
6,1
Sudan
Jemen
Oman
178
159
Äthiopien
Somalia
* Die Angaben der Müttersterblickeit beziehen sich nur auf Krankenhäuser und sonstige medizinische Einrichtungen.
Mütter
1,2
Jungen
Mädchen
Gebiete mit
islamischer Bevölkerung

sprechend mit ihrer ersten Schwangerschaft. Sollte der Kindersegen hingegen ausbleiben oder sich unangemessen hinauszögern, lebt die junge Frau in ständiger Angst vor einer Scheidung. Die Gründe für Kinderlosigkeit werden im *bösen Blick* oder dem Zauber erzürnter Geister gesucht. Deshalb kennt der volkstümliche Islam viele Arten, mit magischen Praktiken gegen die Unfruchtbarkeit vorzugehen.

Die große Bedeutung der Mutterschaft, insbesondere der Geburt eines Sohnes für eine junge Ehefrau, erklärt

**Der böse Blick**

Ohne religiösen Ursprung, aber in muslimischen Ländern dennoch weit verbreitet, ist die Angst vor dem bösen Blick. Dieser kann der Grund für Unglück, besonders aber für Unfruchtbarkeit oder Krankheit und Tod von Kindern sein. Der böse Blick wird vor allem neidischen Frauen zugesprochen, die aus Eifersucht auf die Ehefrau oder wegen eigener Kinderlosigkeit die Familie mit einem Unglück behaften. Als besonders anfällig für den bösen Blick gelten kleine Kinder, sa sie noch zu schwach sind, um sich aus eigener Kraft zu schützen. Deshalb versuchen Mütter, ihre Kinder auf verschiedenste Arten vor diesem Unheil zu bewahren: Amulette und andere magische Anhänger werden als Abwehrmittel eingesetzt, auch läßt man die Kinder äußerlich verwahrlost umherlaufen, um keinen Neid hervorzurufen. Die bösen Kräfte werden nach Meinung des Volkes getäuscht, wenn man Kleinkinder zunächst nicht mit ihren wirklichen Namen ruft. Gilt der böse Blick als Grund für die Unfruchtbarkeit einer Frau, sollen Wunderheiler die schlechten Kräfte aus dem Körper der Betroffenen vertreiben.

die häufig enge Bindung zwischen Söhnen und Müttern. Der Sohn bestätigt die Existenzberechtigung der Frau innerhalb der neuen Familie. Sie hat ihre Pflicht im Dienst der männlichen Sippe erfüllt und deren Fortbestand gesichert. Ihre Stellung innerhalb der Großfamilie wird um so angesehener, je mehr Söhne sie zur Welt bringt.

Damit bedeutet die Geburt eines Sohnes für die Frau auch die Befreiung von vielen Zwängen. Sie steigt in ihrer sozialen Stellung auf und übernimmt die Position, die ihr seit frühester Kindheit zugedacht war: Sie ist Mutter eines Sohnes. Da die Geburt von Töchtern ein weniger freudiges Ereignis ist, führt dies häufig zu einer unbewußten Ablehnung. Dennoch hat die Frau auch durch die Geburt eines Mädchens ihre Fruchtbarkeit bewiesen, was ihren Status leicht verbessert.

Da die Erziehung weitgehend den Müttern überlassen bleibt, finden junge Frauen häufig durch ihre Kinder erstmals die Möglichkeit, ihren Gefühlen freien Lauf zu lassen. So werden Kleinkinder in der Regel mit Zärtlichkeiten überhäuft, was viele westliche Beobachter gern als Ausdruck für die unterdrückte Emotionalität in einer Paarbeziehung interpretieren.

In den ersten Monaten ist die Beziehung zwischen Mutter und Kind besonders intensiv; das gilt übrigens auch für Mädchen. Auffallend ist der enge Körperkontakt, der zwischen den beiden besteht. Die Kinder werden meist mit einem Tuch auf dem Rücken getragen und sind bei allen leichteren Arbeiten dabei. Auch schläft die Mutter in den ersten Monaten gemeinsam mit dem Kind, das sie, wann immer es will, stillt.

Der Ablösungsprozeß fällt den Müttern vor allem bei ihren Söhnen sehr schwer. Doch auch wenn diese immer mehr in die Männerwelt hineinwachsen und sich ebenso räumlich von der Mutter entfernen, bleibt deren Einfluß selbst auf das Privatleben erwachsener Söhne recht stark. Das beweist das Privileg der Mütter, die passende

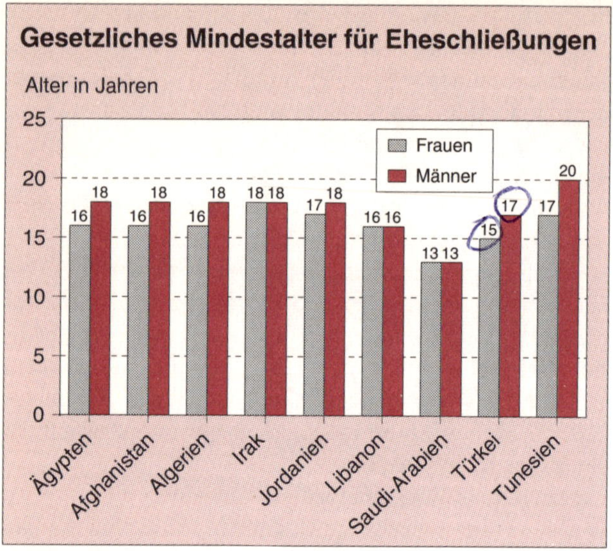


## Liebesheiraten

Liebesheiraten sind in der traditionsbewußten islamischen Gesellschaft nicht gern gesehen, weil sie voreheliche Liebesbeziehungen quasi legitimieren. Nur in seltenen Fällen werden die Eltern der Liebenden einer solchen Heirat zustimmen. Ein wirksames Mittel, sie doch durchzusetzen, ist der sogenannte Brautraum. Gelingt es dem Mann, seine Auserwählte eine Nacht lang unbeaufsichtigt von zu Hause fernzuhalten, werden zumindest die Brauteltern die Zustimmung zur Hochzeit nicht länger verweigern, müssen sie doch um die Ehre ihrer Tochter und damit um die Familienehre fürchten. In der Regel leiten die Betroffenen deshalb nach einem gelungenen Brautraub, den man möglichst vor den Nachbarn vertuscht, die Hochzeitsfeierlichkeiten schnell in die Wege.

Schwiegertochter aussuchen zu dürfen. Die Tochter-Mutter-Beziehung verbessert sich häufig nach der Eheschließung der Tochter. Da nun die Verantwortung beim Ehemann liegt, wird das Verhältnis wesentlich entspannter.

### Scheidung

Die Ehe hat in islamischen Gesellschaften einen so hohen Stellenwert, daß viele Frauen versuchen, eine Scheidung um jeden Preis zu vermeiden. Der beste Weg dazu ist die Erfüllung der an sie gestellten Anforderungen als Ehefrau, Hausfrau und Mutter. Wird eine Frau dennoch von ihrem Mann verstoßen oder reicht sie ihrerseits die Scheidung ein, muß sie zunächst zu ihrer eigenen Familie zurückkehren, da es sich für eine Frau nicht gehört, allein zu leben. Hinzu kommt, daß nur die wenigsten Frauen finanziell in der Lage wären, sich und gegebenenfalls ihre Kinder selbständig durchzubringen. Andererseits ist auch die eigene Familie in wirtschaftlich angespannte Verhältnissen nicht eben beglückt, eine geschiedene Frau mit ihren Kindern im elterlichen Haushalt aufzunehmen. Jüngeren Frauen gelingt es manchmal, sich erneut zu verheiraten, mit zunehmendem Alter sinken diese Chancen erheblich. Im Falle einer zweiten Ehe müssen Frauen jedoch oft einen sozialen Abstieg in Kauf nehmen, da sie ein wichtiges Attribut, ihre Jungfräulichkeit, bereits eingebüßt haben.

## 3. Ledige Frauen und Witwen

Unverheiratete Frauen haben in der Regel das gleiche Schicksal wie die geschiedenen. Sie bleiben im Hause der eigenen Familie und unterstehen damit dem Schutz und der Aufsicht des Vaters oder der Brüder. Das Leben als Junggesellin ist in traditionellen islamischen Gesellschaften nicht sehr angenehm, haftet diesen Frauen doch der Makel der »Übriggebliebenen« an. Von Verwandten und

Nachbarinnen werden sie bis in ein Alter, in dem eine Hochzeit praktisch ausgeschlossen ist, mit guten Ratschlägen und Wünschen überhäuft. Oft empfiehlt man den Besuch von Heiligengräbern oder andere mystische Bräuche, um der Ehelosigkeit ein Ende zu setzen. Da die Familie zumindest bis zur Menopause grundsätzlich um die Ehre der Unverheirateten besorgt ist, bleibt ihre Bewegungsfreiheit in der Gesellschaft erheblich eingeschränkt.

Während kinderlose Witwen meist bis zu einer erneuten Eheschließung in die eigene Familie zurückkehren, bleiben Witwen mit Kindern häufiger in der Familie des Ehemannes und widmen sich der Kindererziehung sowie dem Andenken des Verstorbenen.

### Das Alter

Mit dem Alter erhöht sich der soziale Status der Frau innerhalb der Familie. Zum einen verlangt der Koran ausdrücklich den Respekt vor dem Alter, zum anderen gelten Frauen, die die Menopause erreicht haben, nicht mehr als potentielle Gefahr für die Familienehre. Die häuslichen Pflichten werden in der Regel an die Schwiegertöchter oder Töchter abgetreten, so daß sie lediglich noch als leitende Instanz im Haus fungieren und oft das Familienbudget verwalten. Damit bleibt älteren Frauen mehr Zeit für *Besuche* von und bei Freundinnen oder Verwandten. Sind Männer zu Gast, die nicht zur Verwandtschaft gehören, wird ihre Anwesenheit auch nicht mehr als unpassend empfunden. Sie können es sich sogar erlauben, mitzudiskutieren und ihre Meinung zu vertreten. Während die Autorität älterer Männer wegen ihrer nachlassenden Arbeitsleistung eher abnimmt, verläuft die Entwicklung bei Frauen umgekehrt.

Eine ihrer wichtigen Aufgaben ist es auch, die Tradition zu hüten. Dies geschieht nicht zuletzt aus Selbstschutz, da gerade sie die bevorzugte Stellung und die Versorgung der

**Besuche**

Besuche von Verwandten und Freundinnen haben im traditionellen Frauenalltag einen äußerst hohen Stellenwert. Häufig sind sie die einzige Ablenkung, die Frauen finden. Da die Großfamilie den persönlichen Austausch zwischen Ehepartnern nur begrenzt zuläßt, übernehmen Freundinnen die Funktion eines Seelentrösters in Krisenzeiten. Außerdem stellen die Besuche von Freundinnen und Verwandten meist die einzige Informationsquelle dar. Hier werden die neuesten Ereignisse der Nachbarschaft ausgetauscht, eventuelle Heiratskandidaten durchdiskutiert und allgemeine Probleme besprochen. Solche eher informellen Besuche laufen in wenig ritualisierter Form ab und können in jedem beliebigen Zimmer des Hauses stattfinden. Die Gastfreundschaft gebietet es jedoch, enge Freundinnen und Verwandte selbst in unpassenden Momenten nicht abzuweisen. Notfalls werden dringende Arbeiten oder eigene Pläne verschoben, um der Besucherin zumindest eine Tasse Tee anzubieten. Nach wie vor bestehen viele Ehemänner aber darauf, daß sie oder ein anderer männlicher Verwandter um Erlaubnis für die Besuchspläne ihrer Frauen gebeten werden.

Alten sichert. Und so bemühen sie sich weiterhin, den Anstand der jungen Frauen zu wahren und ihre eigene Stellung als Heiratsvermittlerin aufrechtzuerhalten. Im städtischen Leben, aber auch durch den Einfluß des Fernsehens, das Frauen mit anderen Lebensweisen bekannt macht, ist diese Aufgabe immer schwieriger zu bewältigen.

# IV. Arabische Frauenbewegungen

Frauenverbände, die sich für die Belange der Frauen einsetzen, gibt es heute in fast jedem muslimischen Staat. Grundsätzlich muß zwischen Gruppen, die sich in erster Linie um soziale Belange kümmern, und feministischen Vereinigungen, die für die politische und gesellschaftliche Gleichstellung der Frau kämpfen, unterschieden werden. Letztere sind eindeutig in der Minderheit. Das liegt daran, daß Frauengruppen in vielen Ländern, so z. B. in Syrien, im Sudan, im Irak oder in Algerien, staatlich organisiert und kontrolliert sind. Nur in Ausnahmefällen – etwa in Ägypten oder der Türkei – existieren regierungsunabhängige Organisationen, die sich wirklich

**Atatürk**

Der erste Präsident der türkischen Republik, Mustafa Kemal Pascha (1881–1938), seit 1934 genannt Kemal Atatürk, setzte sich stark für die Rechte der Frauen ein. So äußerte er beispielsweise 1923, daß die Schwäche der türkischen Gesellschaft in ihrer Gleichgültigkeit gegenüber dem Status der Frauen zu suchen sei. Die Unterdrückung der Frauen auf die Religion zurückzuführen, lehnte er jedoch ab, da »nichts in unserer Religion von den Frauen verlangt, sich unter den Mann zu stellen«.
Unter diesem Präsidenten bekam die Türkei eine laizistische Verfassung. Die öffentliche Geschlechtertrennung in Verkehrsmitteln wurde aufgehoben, der Schleier sowie das Tragen religiöser Attribute in der Öffentlichkeit verboten und das islamische Familiengesetz durch einen Zivilcode nach Schweizer Vorbild ersetzt.

emanzipatorischen Aufgaben widmen können. Wobei gerade die türkische Frauenbewegung den unschätzbaren Vorteil hat, daß sie in vieler Hinsicht durch die Landesgesetze abgesichert ist. Denn der erste Präsident der türkischen Republik, Mustafa Kemal *(Atatürk)*, brach bereits in den zwanziger Jahren mit vielen Traditionen und ersetzte das islamische Familiengesetz durch einen Zivilcode nach Schweizer Vorbild.

Die Wurzel für die Unterdrückung der Frau in islamisch geprägten Gesellschaften ist aus der Sicht muslimischer Feministinnen in einem Weltbild begründet, das Männer mit positiven Attributen wie Ordnung, Realität und Vernunft belegt, Frauen hingegen als unbeherrscht und leidenschaftlich abqualifiziert. Die Frau gilt damit als potentielle Unruhestifterin. Muslimische Männer fürchten – so die feministische Interpretation – die Unkontrollierbarkeit und Unberechenbarkeit der weiblichen Natur. Dies bezieht sich insbesondere auf sexuelle Wünsche. Verkürzt gesagt, muß die Frau, um kontrollierbar zu bleiben, aus vielen Bereichen des öffentlichen Lebens ausgesperrt werden. Nur so wird die männliche Vorherrschaft gesichert und ihre Ehre nicht gefährdet.

## 1. Frühe feministische Bestrebungen

Seit Ende des 19. Jahrhunderts setzen sich arabische Intellektuelle für einen gesellschaftlichen Wandel und die Gleichstellung der Frau ein. Die Vorreiter dieser Emanzipationsbewegungen waren ausschließlich Männer. Im Gegensatz zu den Frauen hatten sie die Möglichkeit, durch Auslandsaufenthalte oder direkten Kontakt mit den Kolonialmächten Zugang zu westlichem Gedankengut zu bekommen.

Der erste bedeutende Verfechter der Emanzipation war der ägyptische Jurist Qasim Amin. Nach einem längeren Studienaufenthalt in Frankreich veröffentlichte er 1899 und 1901 zwei Bücher mit den Titeln »Die Befreiung der Frau« und »Die neue Frau«. Amins Argumentation baut darauf auf, daß die Gesellschaft zur Hälfte aus Frauen besteht. Demzufolge hinge der Fortschritt unmittelbar vom Bildungsstand der Frau ab. Deshalb müsse sie, um die gesellschaftliche Entwicklung zu fördern, eine Ausbildung erhalten und einen Beruf ergreifen. Seine Bücher gerieten zwar in das Kreuzfeuer der Kritik, werden aber noch heute in der arabischen Welt als Grundwerke des Feminismus gehandelt.

Der vielleicht radikalste Vordenker der arabischen Frauenbewegung war der tunesische Theologe und Rechtsgelehrte Tahir al Haddad. Sein Buch »Unsere Frau im religiösen Gesetz und in der Gesellschaft« rief nach seinem Erscheinen im Jahr 1929 einen Sturm der Entrüstung hervor, so daß die französische Kolonialregierung es aus dem Verkehr zog. Al Haddad sieht im Koran kein endgültiges Gesetz, sondern fordert, daß es sich den modernen Gegebenheiten anpassen müsse und die Gleichstellung von Mann und Frau festschreiben solle. Die im Koran zum Ausdruck kommende Vorrangstellung des Mannes interpretiert er als Mißstand der damaligen Epoche, den Mohammed nicht ausräumen konnte, da er auf gesellschaftliche Veränderungen nur begrenzt Einfluß hatte.

Die ersten Frauenbewegungen etablierten sich gegen Ende des 19. Jahrhunderts in der Türkei und in Ägypten. In Ägypten entsprang die Initiative einer allgemeinen politischen Mobilisierung der Bevölkerung gegen die englische Mandatsmacht. Bereits 1919 zogen ägyptische Frauen in Protestmärschen durch die Straßen von Kairo, um das Ende der Fremdverwaltung zu fordern. Unter ihnen war auch Huda Schaarawi, eine Frau der gehobenen Gesellschaft, die drei Jahre später zu den Gründerinnen der »Ägyptischen Feministischen Vereinigung« gehörte. Eine Abordnung dieser ersten ägyptischen Frauenorganisation nahm bereits 1923 unter der Führung von Huda

Schaarawi am internationalen Frauenkongreß in Rom teil. Nach ihrer Rückkehr legte Schaarawi demonstrativ den Schleier ab, um sich damit von einem Symbol der Benachteiligung der Frau zu befreien. Viele Frauen der ägyptischen Mittel- und Oberschicht folgten ihrem Beispiel. Bei der ärmeren Bevölkerung hatte sich der Schleier in Ägypten ohnehin nie wirklich durchsetzen können.

In den Anfangsjahren trat die ägyptische Frauenvereinigung insbesondere für die Bildungschancen von Mädchen ein. Auch wurde auf dem Arabischen Feministinnenkongreß 1944 in Kairo eine Resolution verabschiedet, in der die Frauen, lange vor ihren westlichen Mitstreiterinnen, die Abschaffung geschlechtsspezifischer Unterschiede in der Sprache forderten. Auf anderen Gebieten blieben die Forderungen der ägyptischen Feministinnen eher gemäßigt und – was wichtig ist – den islamischen Traditionen verhaftet. So leiteten sie z. B. das weibliche Recht auf Bildung aus dem allgemeinen Bildungsgebot des Koran ab.

Nach mehreren arabischen Feministinnenkongressen, an denen Delegationen aus Ägypten, Irak, Syrien, Libanon, Palästina und Jordanien teilnahmen, wurde 1945 die »Arabische Frauenunion« gegründet. Die Kongresse hatten sich nicht nur mit frauenspezifischen, sondern auch mit allgemein politischen Fragen wie dem Palästinaproblem beschäftigt.

Bereits 1895 erschien das erste türkische Frauenmagazin, das – für die damalige Zeit revolutionär – überwiegend Redakteurinnen gestalteten. Ein Hauptthema der Zeitschrift war die Forderung nach verbesserten Bildungsmöglichkeiten für Frauen. In anderen Bereichen bleiben die Redakteurinnen jedoch der traditionellen Frauenrolle verhaftet und diskutierten die Voraussetzungen, die eine gute Mutter, Ehefrau und Muslimin erfüllen muß. Diese Themenwahl steht exemplarisch für die Ziele der Frauenbewegung in den Anfangsjahren. Ge-

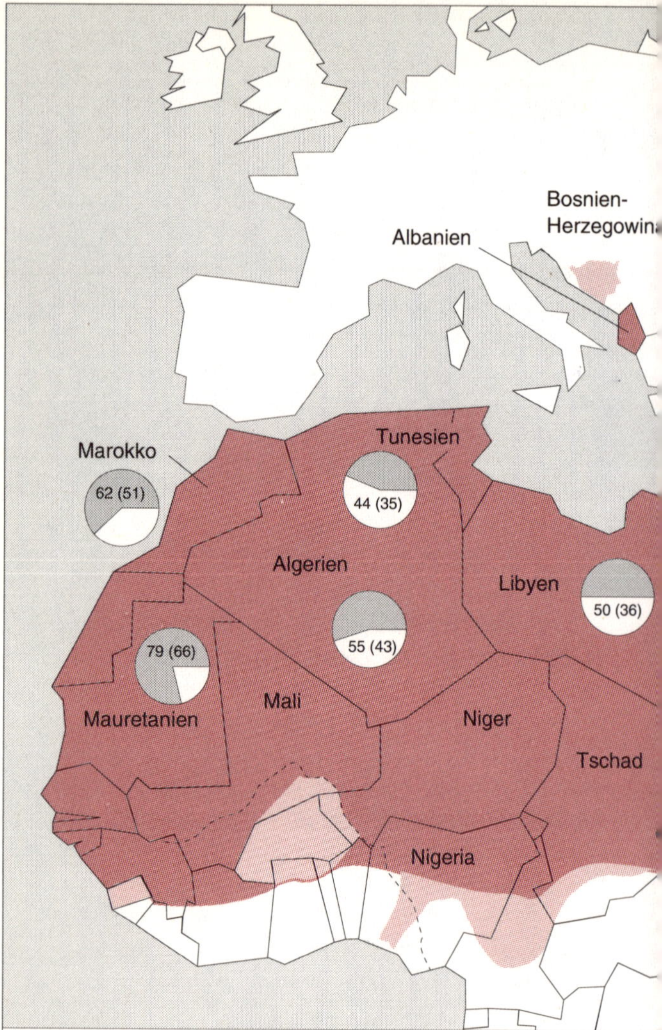


**Analphabetenrate der Frauen 1990**

**in Prozent der weiblichen Bevölkerung**

(in Klammern Rate der Gesamtbevölkerung)

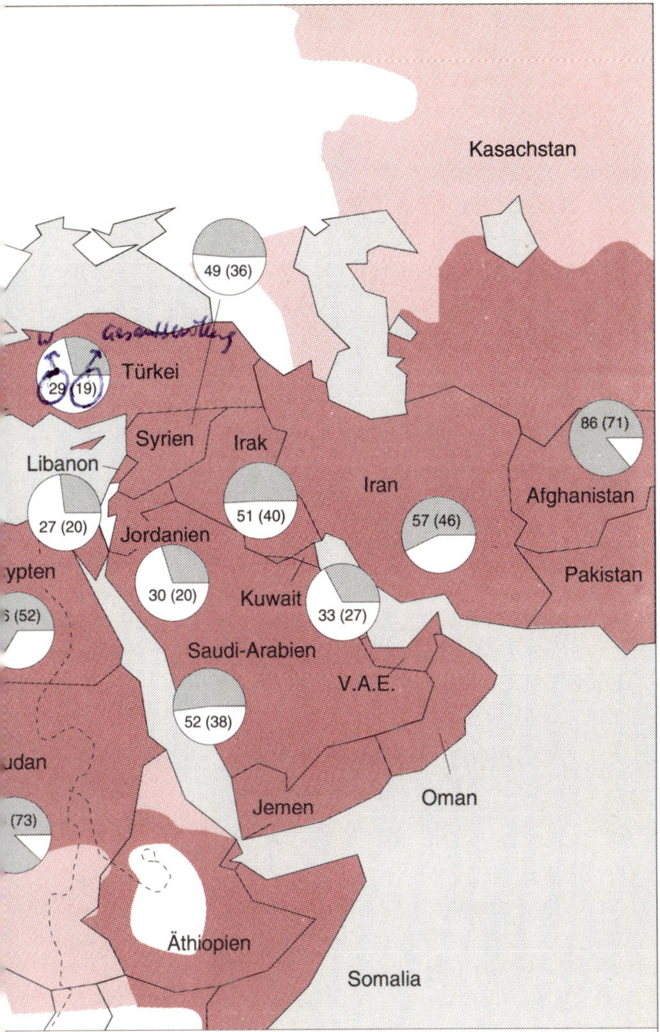


Gebiete mit

- überwiegend islamischer Bevölkerung
- islamischen Bevölkerungsanteilen

tragen wurde sie von gutsituierten Frauen der städtischen Mittelschicht, die ein Interesse an der zeitgemäßen Weiterentwicklung weiblicher Verhaltensmuster hatten, aber keinen revolutionären Umsturz der Gesellschaft forderten.

Mit der Ausrufung der Republik im Jahr 1923 wandelte sich die Bewegung in der Türkei zu einer Art Staatsfeminismus. Obwohl Atatürk, der erste Präsident der Republik, die Gleichberechtigung als Voraussetzung für Demokratie und Schlüssel zur Modernisierung des Landes wertete, erlebte die Bewegung schon bald einen Rückschlag. 1935 wurde die »Türkische Frauenvereinigung«, die als Bindeglied zwischen Regierung und Frauenbewegung fungiert hatte, mit der Begründung aufgelöst, daß den Frauen alle bürgerlichen Rechte im gleichen Maße wie den Männern zuerkannt worden seien. Um die gesellschaftliche Umsetzung der gesetzlichen Normen kümmerte sich die Regierung nicht weiter. Dieses Manko erkannten viele Frauen zu spät. Erst Anfang der fünfziger Jahre gründeten sich vielerorts neue Frauenvereine, die vor allem für die Sicherung der bereits festgeschriebenen Rechte kämpften.

## 2. Frauenbewegungen im nationalen Einigungsprozeß

In den meisten arabischen Ländern entstanden aktive Frauenorganisationen erst nach dem Zweiten Weltkrieg im Zuge des kolonialen Befreiungskampfes oder der nationalen arabischen Bewegungen, in denen Frauen häufig einen aktiven Part spielten. Ihre politischen Forderungen unterschieden sich zunächst jedoch kaum von den allgemeinen nationalistischen Bestrebungen. Denn Frauenrechtsreformen wurden auch von den meisten politischen Führern der jungen Nationalstaaten proklamiert. Dahinter stand ein zweifaches politisches Kalkül: Außenpolitisch unterstützten Reformen im Frauenrecht die Bemühungen um internationale Anerkennung der neugegründeten Staaten. Auch innenpolitisch war die Integration von Frauenfragen den nationalen Führern zunächst nur dienlich, da sie auf diese Weise ihre politische Basis im Land festigen konnten. Aus diesen Gründen wurden in vielen islamischen Ländern mit großer Unterstützung der damaligen Staatspräsidenten wie Gamal Abd el Nasser in Ägypten, Habib Bourguiba in Tunesien und Ben Bella in Algerien Frauenorganisationen gegründet.

Nach der innenpolitischen Konsolidierung der neuen nationalistischen Führer erlitt die Frauenbewegung in den arabischen Ländern jedoch einen entscheidenden Rückschlag. Denn bald kristallisierte sich heraus, daß man die Befreiung vom Kolonialismus vielerorts mit der Befreiung von westlichen Einflüssen gleichsetzte. Das algerische Beispiel zeigt, daß die nationale Bewegung in gesellschaftlichen Fragen recht konservativ war. Im Zuge der Diskussion von Frauenfragen kam das Schlagwort von der »nationalen Kultur« in Umlauf, das die Rolle der Geschlechter ganz im islamischen Sinne interpretierte. So wurde einerseits zwar die politische Gleichberechtigung der Frauen gefordert und in der Verfassung verankert, andererseits das islamische Familiengesetz in weiten Teilen an die *Scharia*, das islamische Gesetz, angelehnt. Das Element der »nationalen Identität« drängte Frauen, die im Algerienkrieg wichtige Aufgaben übernommen hatten, auf eine unpolitische Ebene zurück und wies ihnen eher soziale Bereiche wie Erziehung und Gesundheitspflege zu. Das algerische Beispiel ist keine Ausnahme und verweist auf ein grundsätzliches Problem, mit dem Frauenrechtlerinnen auch heute noch zu kämpfen haben. In vielen vom Islam geprägten Gesellschaften fehlt die Bereitschaft, den geschichtlichen und sozialen Wandel anzuerkennen. Deshalb wird – überspitzt formuliert – jede Kritik am System als Einfluß des

**Scharia**

Die Scharia (arab.: »Weg zur Tränke«), als Pflichtenlehre und religiöses Recht des Islam, ging aus der Arbeit islamischer Gesetzesgelehrten des 7. bis 10. Jahrhunderts hervor. Sie umfaßt die religiösen Pflichten wie Gebet, Fasten und Pilgerfahrten, ferner die ethischen Normen und Rechtsgrundsätze für alle Lebensbereiche wie Ehe, Wirtschaft und die Sicherheit der Gemeinschaft.

Westens und damit als Blasphemie oder Atheismus verurteilt – das größte Hindernis für die Gleichberechtigung der Frau.

## 3. Frauenbewegung heute

Es läßt sich feststellen, daß es in der islamischen Welt keine umfassende politische Frauenbewegung gibt, die offen für die Emanzipation der Frau im politischen, gesellschaftlichen und privaten Bereich eintritt. Einzelne Frauengruppen oder Frauenrechtlerinnen sind hingegen sehr aktiv und häufig auch bereit, für ihre Arbeit staatliche Repressalien in Kauf zu nehmen. Dazu gehören die ägyptische Schriftstellerin und Ärztin Nawal el Saadawi, die marokkanische Soziologin Fatema Mernissi oder die tunesische Journalistin Rachida Ennaifer, um nur einige zu nennen. Daß sich das politische Engagement in Frauenfragen auf wenige Gruppierungen und Intellektuelle beschränkt, liegt primär an den überwiegend undemokratischen, teilweise diktatorischen politischen Strukturen dieser Länder. Wo Zensur der Medien und die Verfolgung politisch Andersdenkender an der Tagesordnung sind, haben es politische Gruppen generell schwer, sich eine breite Öffentlichkeit zu schaffen. Die meisten Frauenorganisationen kämpfen aus den genannten Gründen nicht um einen grundsätzlichen Wandel in der Gesellschaft, sondern engagieren sich vielmehr in den ihnen zugedachten sozialen Rollen. Sie verletzen durch ihre Aktionen nicht die religiösen Gefühle der Bevölkerung und gehen gegen Traditionen nur bedingt an. Ein weiterer Grund für die politische Zurückhaltung liegt darin, daß insbesondere die staatlich kontrollierten Frauengruppen in der Regel von Frauen der Mittel- bis Oberschicht geführt werden, die häufig ein Interesse am Erhalt der staatlichen Ordnung haben. Das bedeutet aber nicht, daß sie sich in den ihnen zugedachten Aufgaben im sozialen Bereich nicht ehrlich engagieren.

Für viele überzeugte Feministinnen läßt sich der schon angesprochene Teufelskreis der nationalen islamischen Identität, der alle westlichen Einflüsse ablehnt, nur schwer durchbrechen. Diese Tendenz hat sich mit der wachsenden anti-islamischen Stimmung in vielen westlichen Ländern noch verstärkt. Viele Frauenrechtlerinnen fühlen sich pauschal verurteilt und deshalb verpflichtet, die Traditionen und Gewohnheiten ihrer Gesellschaftsform nach außen zu verteidigen. Zwar wird nach wie vor politische Gleichstellung von Frauen gefordert, islamische Traditionen werden aber mehr und mehr als Zeichen der kulturellen Identität aus der Diskussion ausgeklammert. Im Zuge der konservativen Bewegung in vielen islamischen Staaten dreht sich die Diskussion heute eher darum, ob Feminismus und Islam überhaupt vereinbar sind, und nicht mehr um die eigentlichen Ziele der feministischen Bewegung. Ein radikaler Feminismus, der beispielsweise die Verfügung über den eigenen Körper als wichtigsten Grundsatz sieht, hat in islamischen Ländern wenig Aussicht auf Erfolg. Gegen das »Diktat der Jungfräulichkeit«, gegen »Gewalt gegen Frauen« und für ein »freies Abtreibungsrecht« erheben nur die allerwenigsten ihre Stimme.

**Arab Woman Solidarity Association (AWSA)**

Die Idee der AWSA entstand bereits in den siebziger Jahren und wurde von einer Gruppe unabhängiger, intellektueller arabischer Frauen getragen. Bei mehreren Treffen in verschiedenen arabischen Ländern wie Ägypten, Kuwait, Tunesien, Syrien, Jordanien und Marokko erarbeiteten sie die grundsätzlichen Zielsetzungen der Vereinigung. Im Jahr 1982 stellte die AWSA einen Antrag auf einen Beobachterposten im Wirtschafts- und Sozialrat der Vereinten Nationen. Er wurde 1985 genehmigt. Seit 1987 hat die AWSA ihren ständigen Hauptsitz in Kairo. Die grundsätzlichen Ziele der Gruppe werden von Nahid Toubia, sudanesische Ärztin und aktives Mitglied der AWSA, folgendermaßen zusammengefaßt:

1. Die aktive Beteiligung von Frauen im politischen, wirtschaftlichen, sozialen und kulturellen Leben der arabischen Welt ist unabdingbar für eine wirkliche Demokratie in der Gesellschaft (...)
2. Das Durchsetzungsvermögen arabischer Frauen ist abhängig von ihrer Fähigkeit, gesellschaftliche Werte und Ideologien zu kritisieren, durch die Frauen im historischen Kampf für Freiheit an den Rand gedrängt wurden. Dieser Kampf muß um ein Verständnis für die Bedürfnisse moderner arabischer Frauen erweitert werden.
3. Die Verbesserung der Arbeits- und Lebensbedingungen von möglichst vielen arabischen Frauen muß durch intellektuelle praktische Anstrengungen auf breiter Basis durchgesetzt werden. (...)
4. Die AWSA steht all den Männern zur aktiven Mitarbeit offen, die überzeugt sind, daß die Befreiung der arabischen Gesellschaft ohne die Befreiung der Frau unmöglich ist.

Aber auch in der praktischen Arbeit sehen sich die Frauenorganisationen mit großen Problemen konfrontiert. So ist es häufig schwierig, Frauen in ländlichen Gebieten mit Aufklärungskampagnen und sozialen Diensten zu erreichen. Ein Beispiel dafür bietet der publizistische Sektor. Viele Zeitschriften und Informationsblätter, die sich speziell mit den Problemen von Frauen aus ländlichen Gebieten oder der Unterschicht auseinandersetzen, verfehlen ihre Zielgruppe, weil diese Frauen nicht lesen können – in einigen Ländern liegt die weibliche Analphabetenrate der Landbevölkerung noch immer bei rund 90 Prozent. Sie senkt sich lediglich in den Ländern, die wie Algerien oder der Irak in den siebziger Jahren verpflichtende Alphabetisierungskampagnen starteten. Um emanzipatorischen Gedanken außerhalb der Städte ein Forum zu verschaffen, sind aufwendige Informationskampagnen, in denen Frauen andere Frauen über ihre Rechte aufklären, nötig. Selbstkritische Stimmen aus einzelnen Organisationen geben auch zu, daß diese Kampagnen, vom »städtischen Reißbrett« aus geplant, häufig an der Realität der Betroffenen vorbeigehen. Denn theoretische Abhandlungen über Frauenrechte haben mit dem ländlichen Leben und den dort vorherrschenden harten sozialen Bedingungen wenig gemeinsam.

## 4. Die rechtliche Stellung der Frau in ausgewählten muslimischen Ländern

In vielen arabischen Ländern ist mittlerweile der Status der Frauen als gleichberechtigte Bürgerinnen in der Verfassung festgeschrieben. Die Gesetzgebung trägt diesem Umstand im Strafrecht, im Arbeitsrecht und in Teilen des Zivilrechts Rechnung. Im Familienrecht hingegen hat sich die verfassungsrechtlich geforderte Gleichstellung der Geschlechter nur ansatzweise durchgesetzt. Zwar haben alle Länder, abgesehen von den Golfemiraten, Saudi-

**Frauengruppen in den Golfstaaten**

In den konservativen Golfstaaten nehmen Frauengruppen aufgrund der extremen Geschlechtertrennung eine Sonderrolle ein. In der Regel werden sie von den Frauen der dortigen Herrscherfamilien initiiert. So wurde die erste Frauengruppe in Saudi-Arabien 1962 von der Frau und einigen Töchtern des saudischen Königs Feisal gegründet. Natürlich läßt die Nähe zu den Herrscherhäusern die Gruppen politisch eher konservativ agieren. Der Ruf nach demokratischen Reformen dringt nur selten nach außen, nicht zuletzt, weil es auch innerhalb der Gruppen eine Opposition gegen solche Reformen gibt. Dagegen werden Klagen über die Arbeitsbedingungen von Frauen oder darüber, daß viele Männer ihren Ehefrauen nicht gestatten zu arbeiten, öffentlich geäußert. Grundsätzlich stehen jedoch soziale Belange im Vordergrund der Arbeit. So bewilligte das Sozialministerium der Vereinigten Arabischen Emirate auf Drängen der einheimischen Frauengruppen finanzielle Unterstützung für bedürftige Familien und unverheiratete, geschiedene oder verwitwete Frauen.

Arabien, Jemen und Mauretanien, Veränderungen im islamischen Familienrecht vorgenommen, doch ist der Einfluß der Scharia, des islamischen Gesetzes, trotz »hundert Jahren arabischer Frauenbewegung« nach wie vor erheblich.

## Ehe

Im allgemeinen muß die Ehe heute vor einem Gericht oder einem staatlichen Beauftragten geschlossen werden. Daneben ist es unter bestimmten Umständen auch möglich, die Ehe durch einen islamischen Geistlichen schließen zu lassen, was besonders für ländliche Gebiete große Bedeutung hat. In der Türkei wurde bereits Ende der zwanziger Jahre die staatliche Heirat als die einzig legitime zugelassen. Damit wurden alle Kinder, die aus religiösen Ehen hervorgingen, in den Status der Illegitimität versetzt. Bereits 1950 sah sich der türkische Staat deshalb mit dem Problem von rund acht Millionen »Bastarden« konfrontiert. Obwohl man ausdrücklich die Annahme des Ehevertrages durch beide Eheleute verlangt, um einer unfreiwilligen Verheiratung von Frauen vorzubeugen, muß die Frau bei einer Eheschließung in den meisten Ländern von ihrem gesetzlichen Vormund begleitet werden.

Was die Jungfräulichkeit der Braut angeht, so ist in vielen Ländern das Recht des Mannes auf diese durch das Familienrecht gesetzlich verbrieft. Stellt sich in der Hochzeitsnacht heraus, daß die Braut keine Jungfrau mehr ist, kann der Bräutigam sie in ihre Familie zurückschicken und das Brautgeld zurückverlangen. Medizinische Gründe wie frühere Verletzungen oder ein besonders dehnbares Hymen werden dabei selten berücksichtigt.

## Polygamie

Bisher ist die Polygamie lediglich in Tunesien und der Türkei gesetzlich verboten. In einigen Ländern, so im Irak, muß für eine weitere Eheschließung eine gerichtliche Genehmigung eingeholt werden. Syrien hat die Erlaubnis einer zweiten Eheschließung von den finanziellen Möglichkeiten des Ehemanns abhängig gemacht. Dagegen ist es in Marokko und im Libanon möglich, das Verbot der Polygamie in den Ehevertrag mit aufzunehmen.

## Scheidung

Seit Mitte der fünfziger Jahre wurde den Frauen in vielen islamischen Ländern zugestanden, eine Scheidung gerichtlich zu beantragen: so in der Türkei (1915/17), in Ägypten (1920), im Sudan (1929) und in Jordanien (1951). Tunesien stellte 1956 das Scheidungsrecht der Frauen dem der Männer gleich und ging damit den weitesten Schritt innerhalb der arabischen Welt. Im Iran waren vor der islamischen Revolution sowohl Männer als auch Frauen verpflichtet, eine Scheidung gerichtlich zu beantragen. In anderen Ländern kann die Scheidung in Anlehnung an das islamische Gesetz von der Frau gerichtlich durchgesetzt werden, wenn der Ehemann sie nachweislich schlecht behandelt, seine Unterhaltspflicht verletzt oder ohne vernünftigen Grund lange abwesend war.

Eine Unterhaltspflicht über einen begrenzten Zeitraum hinaus besteht dagegen in sehr wenigen Ländern. Vorreiter ist auch hier Tunesien. In anderen Staaten ist es jedoch zulässig, diese im Ehevertrag zu vereinbaren. Allerdings entfallen gesetzlich verpflichtende Unterhaltszahlungen der Männer, wenn eine Scheidung von der Frau beantragt wird.

### Sorgerecht

Das Sorgerecht erhält in Abhängigkeit vom Alter der Kinder zunächst die Mutter zuerkannt. Das ändert jedoch nichts daran, daß man die Vormundschaft über minderjährige Kinder grundsätzlich dem Vater zuspricht. Über die Altersgrenzte, bis zu der Kinder in der Obhut der Mutter bleiben sollen, besteht in den verschiedenen islamischen Rechtsschulen keine Einigkeit. Sie variieren zwischen sieben Jahren, dem Erreichen der Pubertät und – für Mädchen – der eigenen Hochzeit. Die Gesetzgebung einiger Länder hat jedoch bei der Trennung der Eltern dem Wohl des Kindes Priorität eingeräumt. In Tunesien, Syrien und dem Irak beispielsweise legen die Gerichte das Sorgerecht fest. Im Falle einer weiteren Heirat der Mutter wird es erneut überprüft und ihr gegebenenfalls entzogen.

Dasselbe ist der Fall, wenn sie die Kinder der Kontrolle des Vaters entzieht, zu einer anderen Religion konvertiert oder ein unmoralisches Leben führt.

Zwar obliegt die Unterhaltspflicht für Kinder nach islamischem Recht dem leiblichen Vater, in einigen Ländern jedoch werden die Eltern auch gemeinsam zur Unterhaltszahlung verpflichtet.

## Abtreibung

Laut Koran gilt ein Embryo in den ersten drei Monaten noch nicht als menschliches Wesen. Deshalb ist eine Abtreibung während der ersten zwölf Wochen innerhalb einer ehelichen Gemeinschaft aus medizinischen Gründen legal. In Tunesien und in der Türkei werden zusätzlich soziale Gründe anerkannt. Für unverheiratete Frauen ist eine Abtreibung allerdings illegal. Der ausführende Arzt wie auch die Betroffene sind daher von einer strafrechtlichen Verfolgung bedroht.

## Erbrecht

Obwohl sich im Erbrecht seit der frühislamischen Zeit wenig verändert hat, wird in Tunesien den Töchtern seit 1965 ein Vorrecht auf das Erbe vor den anderen Verwandten eingeräumt, und auch im Irak schließen die leiblichen Kinder alle anderen Verwandten vom Erbe aus. In einigen Ländern, beispielsweise in Ägypten, im Sudan und im Iran, sind dagegen zusätzliche Schenkungen an Erben erlaubt. So ist es auch hier möglich, Töchtern und Ehefrauen mehr zukommen zu lassen, als das islamische Erbrecht vorsieht.

## Bewegungsfreiheit

Formaljuristisch brauchen Frauen in den meisten islamischen Staaten noch heute die Einwilligung des Ehemanns oder – wenn sie nicht verheiratet sind – des Vaters bzw. eines anderen männlichen Verwandten, um eine

Auslandsreise anzutreten. Diese Regelung wird allerdings unterschiedlich streng gehandhabt. So verlangt man in den Maghrebstaaten nur in Ausnahmefällen eine solche Einwilligung. In den konservativen Golfstaaten kann eine Frau hingegen kaum die Landesgrenzen überschreiten, ohne über eine schriftliche Erlaubnis zu verfügen.

In Ägypten und auch einigen anderen Ländern hat der Ehemann nach wie vor das Recht, die Polizei einzuschalten, um seine Frau nach Hause zurückbringen zu lassen.

### Arbeitsrecht

Die Arbeitsgesetzgebung in den verschiedenen arabischen Staaten läßt sich kaum einheitlich darstellen. In Nordafrika beispielsweise ähnelt sie europäischen Rechtsbestimmungen, wodurch es in Tunesien, Marokko und Algerien verboten ist, Frauen in der Arbeitswelt zu diskriminieren. Während in Tunesien die Diskriminierung sogar bestraft wird, bleibt in Algerien der landwirtschaftliche Bereich ausdrücklich ausgenommen. Obwohl die meisten Regierungen der Golfstaaten die Gleichberechtigung der Geschlechter hinsichtlich der Beschäftigung und des Einkommens gesetzlich verankert haben, wird diese liberale Gesetzgebung durch das Zivilrecht einiger Länder relativiert. Danach kann allein der Ehemann oder der Vater entscheiden, ob er seiner Frau bzw. Tochter die Berufstätigkeit gestattet. Dies gilt für eine hohe Regierungsbeamtin ebenso wie für die einfache Hausangestellte.

### Bildung

Auch hinsichtlich der Bildung herrscht in den meisten Ländern ein Diskriminierungsverbot. Die allgemeine Schulpflicht gilt für Mädchen und Jungen gleichermaßen. Ebenso sind mittlerweile in allen islamischen Ländern Frauen zum Hochschulstudium zugelassen.

## Gewohnheitsrecht

Wer die gesellschaftlichen Realitäten und die Stellung der Frau in muslimischen Ländern ausgehend von staatlichen Rechtsformen interpretieren will, begibt sich auf unsicheren Grund. Denn in allen Ländern, insbesondere in den ländlichen Gebieten, bestimmt neben dem staatlichen Recht das Gewohnheitsrecht die Gesellschaftsordnung. Es tritt hauptsächlich da mit dem staatlichen Recht in Konkurrenz, wo es um gruppeninterne Auseinandersetzungen geht. Die extremste Form des Gewohnheitsrechts stellt der Mord an der nichtjungfräulichen Braut zur Wiederherstellung der Familienehre dar. Obwohl dieser Brauch kaum mehr ausgeübt wird, bleibt er im Zweifelsfalle von den staatlichen Gerichten noch heute ungesühnt.

Andere Formen des Gewohnheitsrechts beziehen sich unter anderem auf die Berufstätigkeit der Frau. Sowohl bei den Berbern als auch bei den Arabern in Nordafrika stehen gewohnheitsrechtlich die Einnahmen aus handwerklicher Tätigkeit der Frau allein ihr zu, auch wenn der Verkauf von den Männern getätigt wurde. Sie hat freies Verfügungsrecht über das Geld und kann selbst entscheiden, ob sie es lieber in Schmuck anlegen oder zur Haushaltsführung verwenden will.

# V. Die islamische Frau zwischen Orient und Okzident

Industrialisierung und Modernisierung haben auch vor den islamischen Gesellschaften nicht haltgemacht. Traditionelle Lebensweisen werden gerade in den Städten mehr und mehr verdrängt. Die Großfamilie, in der mehrere Generationen und Familien unter einem Dach leben, gehört bei der städtischen Bevölkerung mittlerweile zur Ausnahme. Diese Entwicklung hat natürlich auch das Leben der Frauen beeinflußt. Teils aus wirtschaftlicher Not, teils infolge ihrer höheren Ausbildung verlassen immer mehr Frauen ihr traditionelles häusliches Umfeld und treten ins Berufsleben ein. So bestimmen zunehmend auch Frauen das Stadtbild vieler Großstädte in muslimischen Ländern.

## 1. Bildung

Insgesamt betrug die Analphabetenquote bei Frauen 1990 in vielen muslimischen Ländern noch an die 50 Prozent. Allerdings weist die hohe Zahl der weiblichen Analphabeten keine direkte Korrelation zur Religion auf, sondern ist vor allem auf die allgemeine Unterentwicklung dieser Länder zurückzuführen.

In den vergangenen Jahren hat sich durch staatliche Bildungsprogramme und gesetzliche Schulpflicht das Bildungsniveau unter Frauen in vielen islamischen Ländern erheblich verbessert. So erließ beispielsweise der Irak 1978 ein Gesetz, das alle Analphabeten zwischen 15 und 45 Jahren zu Alphabetisierungskursen verpflichtete. Dahinter steht die Erkenntnis, daß Bildung eine wesentliche Voraussetzung für die Entwicklung eines Landes ist. Betrachtet man den Besuch von weiterführenden Schulen, fällt auf, daß sich zwischen 1965 und 1989 das

Verhältnis von Schülern und Schülerinnen erheblich angeglichen hat. Auch sind heute an den Universitäten aller islamischen Länder weibliche Studenten zugelassen. In den Golfstaaten lag ihr Anteil in den achtziger Jahren teilweise sogar über dem ihrer männlichen Kommilitonen. Diese Zahlen dürfen jedoch über zwei Dinge nicht hinwegtäuschen: Zum einen können die Golfstaaten mit ihrer vergleichsweise geringen Einwohnerzahl und der finanziell gut gestellten Bevölkerung nicht als typische Repräsentanten der islamischen Staaten gelten, zum anderen resultiert die hohe Studentinnenzahl an lokalen Universitäten auch daraus, daß viele Männer ihr Studium im Ausland absolvieren. Frauen können sich dagegen nicht so leicht, ohne um ihre Ehre zu fürchten, von der Familie entfernen. Das Beispiel der Golfstaaten lehrt jedoch auch, daß es ein Trugschluß wäre, Bildungsmöglichkeiten für Frauen mit einer Liberalisierung hinsichtlich der Geschlechtertrennung gleichzusetzen. So wird mit Ausnahme von Kuwait und ansatzweise in Bahrain der getrennte Unterricht auch an den Universitäten nach wie vor aufrechterhalten. Mangelt es an entsprechendem weiblichem Lehrpersonal, werden die Vorlesungen der Professoren über Videoanlagen in einen besonderen Hörsaal für Studentinnen übertragen. In anderen Staaten wie in den nordafrikanischen Ländern Marokko und Tunesien ist das Erziehungssystem hingegen sehr viel liberaler. Zwar werden die Studenten und Studentinnen auf dem Campus in getrennten Häusern untergebracht, während der Vorlesungen, in der Mensa und in der Cafeteria findet das studentische Leben jedoch gemeinsam statt. Auch hinsichtlich der Studienfächer erfolgt allmählich eine Liberalisierung zugunsten der Frauen. Während sie in den sechziger Jahren im wesentlichen Fächer wie Medizin oder Pädagogik studierten, haben sie sich im letzten Jahrzehnt zunehmend auch anderen Fachbereichen zugewandt. So sind besonders Jura und Wirtschaftswissenschaften bei Frauen beliebt. Aber auch in den naturwissenschaftlichen Fächern und Ingenieurwissenschaften steigt der Anteil an Studentinnen. Lediglich im Iran sind die Frauen von einigen Fakultäten ausgeschlossen, weil die entsprechenden Fächer, wie beispielsweise Jura, als unweiblich gelten.

Die wachsende Zahl von Studentinnen in muslimischen Ländern entspricht jedoch bei weitem nicht ihrer Repräsentanz im wirtschaftlichen Leben. Für viele »höhere Töchter« ist ein Studium mehr oder weniger Zeitvertreib. Gilt es doch nach wie vor als einzig legitime weibliche Beschäftigung außerhalb des elterlichen Hausstandes. Auch wird Bildung bei Frauen der Mittelschicht seit einigen Jahren als zusätzlicher Pluspunkt auf dem Heiratsmarkt angesehen. Junge Akademikerinnen können zumindest bis zum ersten Kind einen beachtlichen Teil zum gemeinsamen Haushalt beisteuern und so die finanziellen Anfangsschwierigkeiten überwinden helfen.

Die Bildungsreform und besonders das gestiegene Bil-

**Fruchtbarkeit und Bildung**

Die durchschnittliche Kinderzahl von muslimischen Frauen ist von Land zu Land unterschiedlich. Sie hängt einerseits von ihrem Bildungsstand, andererseits von der Verfügbarkeit wirksamer Verhütungsmittel ab. In vielen Ländern ist deren Verkauf aus religiösen Gründen eingeschränkt, oder er überschreitet die finanziellen Möglichkeiten der Familien. Der Gebrauch von Verhütungsmitteln wird nur in den liberaleren Ländern wie der Türkei, Ägypten, Tunesien oder Marokko statistisch festgehalten. Hier wurden auch Familienplanungs- und Beratungszentren eingerichtet, die Verhütungsmittel teilweise kostenlos abgeben.

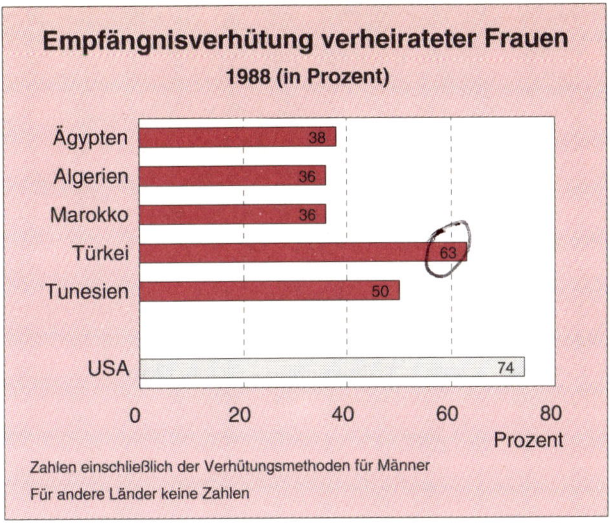


dungsangebot für Frauen haben in vielen muslimischen Ländern gesellschaftliche Veränderungen unterstützt. Äußerliche Zeichen dafür sind zumindest in liberalere Ländern wie Tunesien, Syrien, Irak oder Marokko das Verschwinden des Schleiers unter den gebildeten Frauen und die sinkende Kinderzahl. Wie eingangs erwähnt, hat das höhere Bildungsniveau unter anderem auch den Trend zur Kleinfamilie verstärkt. So leben viele Ehepaare der gebildeten Mittel- und Oberschicht heute nicht mehr in der traditionellen Großfamilie, sondern allein mit den Kindern in Stadtwohnungen. Auch ist bei gebildeten Frauen eine Eheschließung ohne vorheriges Kennenlernen des Mannes sehr selten geworden. Insbesondere in der Stadt haben junge Paare heute in vielen Ländern die Gelegenheit, sich vor der Hochzeit kennenzulernen und häufiger zu treffen. Ob das Paar dabei allein gelassen wird, hängt jedoch von der jeweiligen Toleranzgrenze der Familien ab.

Trotz dieser Liberalisierungserscheinungen haben soziologische Untersuchungen in verschiedenen muslimischen Ländern ergeben, daß gerade gebildete Frauen mit ihrer gesellschaftlichen Stellung unzufrieden sind. Einige fühlen sich in ihrer veränderten Lebenssituation entwurzelt und verunsichert. Der soziale Wandel, der in manchen Teilen der Gesellschaft vor allem durch die Bildungsmöglichkeiten eingesetzt hat, läßt viele Frauen die gesellschaftlichen Widersprüche erst wahrnehmen. Sie anerkennen und leben die traditionellen Werte nur noch teilweise, verfügen aber noch nicht über ein neues Wertesystem. Zudem nahm ihnen die Auflösung der Großfamilie mit der Solidargemeinschaft der anderen weiblichen Haushaltsmitglieder auch einen wichtigen sozialen Rückhalt.

## 2. Berufstätigkeit

Die Statistiken über Frauen im Arbeitsprozeß sind in muslimischen Ländern nicht besonders verläßlich. Sie vernachlässigen die vielen Frauen, die nicht nur als Hausfrauen, sondern auch in der familieneigenen Landwirtschaft oder als Handwerkerinnen in Heimarbeit tätig sind. Mit Sicherheit läßt sich anhand der offiziellen Statistiken jedoch feststellen, daß der Anteil von Frauen am wirtschaftlich aktiven Teil der Bevölkerung außerhalb des landwirtschaftlichen Sektors in den vergangenen Jahren in den meisten islamischen Staaten erheblich gestiegen ist. Dies gilt sowohl für ungelernte Arbeiterinnen als auch für Frauen mit höherer Ausbildung oder einer akademischen Laufbahn.

Auffällig ist dabei, wie Vergleichszahlen zeigen, daß die durchschnittliche Dauer der Berufstätigkeit von Frauen erheblich unter der von Männern liegt. Einer der Gründe dafür ist, daß Berufstätigkeit im gesellschaftlichen Ansehen immer noch hinter der traditionellen Rolle als Ehefrau, Hausfrau und Mutter rangiert. Da in den meisten Staaten der Vater oder Ehemann formal seine

Einwilligung für die Berufstätigkeit der Frau geben muß, kommt es in manchen Fällen aufgrund von Eifersucht oder konservativer Überzeugung des Ehemannes nicht zu einer Berufstätigkeit der Frau.

Ein weiterer Faktor, der bei der vergleichsweise geringen Beteiligung von Frauen am Wirtschaftsprozeß häufig vergessen wird, ist die allgemein schwache wirtschaftliche Entwicklung der betrachteten Länder. Zwar ist die Gesetzgebung hinsichtlich der Arbeitsbedingungen für Frauen in vielen Staaten recht progressiv. So werden z. B. in Syrien und im Irak der Frau am Arbeitsplatz die gleichen Rechte wie dem Mann zugesprochen. Unbestreitbare Tatsache ist aber auch, daß in wirtschaftlichen Krisenzeiten Frauen ihren Arbeitsplatz zuerst verlieren oder gar keine Anstellung finden.

### Ungelernte Arbeiterinnen

In vielen muslimischen Ländern stellen die weiblichen Stadtbewohner heute einen beachtlichen Anteil der in der Industrie tätigen ungelernten Arbeiter. Einige Branchen haben sich sogar zu einer regelrechten Domäne für Frauenarbeit entwickelt. So bilden beispielsweise in der Textilindustrie Nordafrikas Frauen mit Abstand den größten Teil der Arbeiterschaft. Dies ist eine neue Entwicklung und entspringt in erster Linie der wirtschaftlichen Not vieler Familien. Bei dem allgemein niedrigen Lohn für ungelernte Tätigkeiten sind viele Familien nur durch Mithilfe der Frauen in der Lage, finanziell einigermaßen über die Runden zu kommen.

Die wachsende Beteiligung von Frauen am öffentlichen Arbeitsleben bedeutet aber nur sehr bedingt eine größere persönliche Freiheit. Wenn es zeitlich möglich ist, werden insbesondere junge Frauen von einem männlichen Verwandten bis zur Arbeitsstelle geleitet und wieder abgeholt. Häufig richten die Unternehmen auch einen Transportservice für die Arbeiterinnen ein, um den Fami-

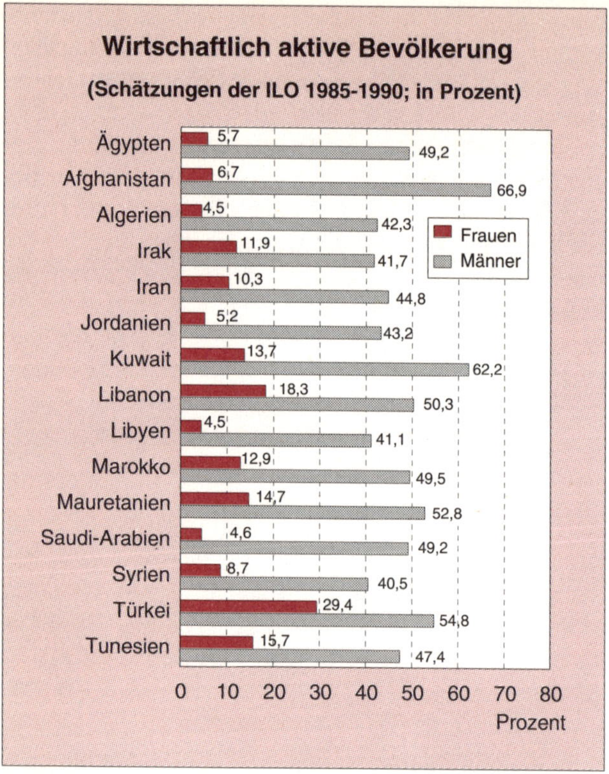


lien die Angst vor einer Gefährdung ihrer Tochter oder Ehefrau zu nehmen. Schließlich eröffnen die Verdienstmöglichkeiten in ungelernten Stellungen den Arbeiterinnen kaum die Möglichkeit, ausreichend zu verdienen, um unabhängig von der Familie leben zu können – selbst wenn sie bereit wären, die gesellschaftlichen Konsequenzen ihrer Selbständigkeit zu tragen. Darüber hinaus bleibt der Verdienst auch meist nicht zur freien Verfügung in der Hand der Arbeiterinnen, sondern wird beim Familienoberhaupt abgeliefert. Lange Zeit war für junge, ungelernte Frauen die Möglichkeit, eine Arbeit außer Haus

## Weibliche Bevölkerung nach Altersgruppen

**(absolute Anzahl und wirtschaftlich aktiv in Prozent)**

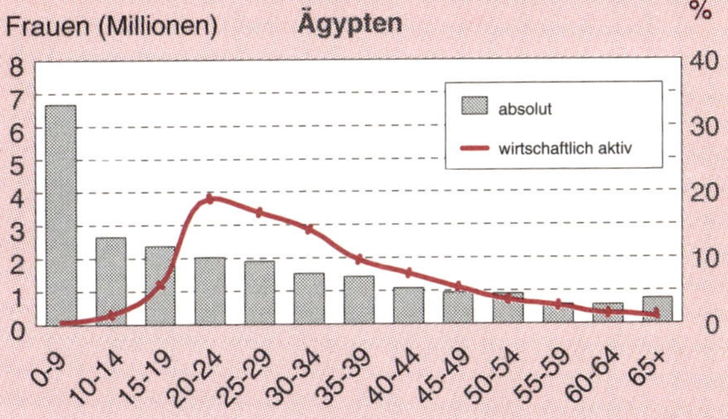


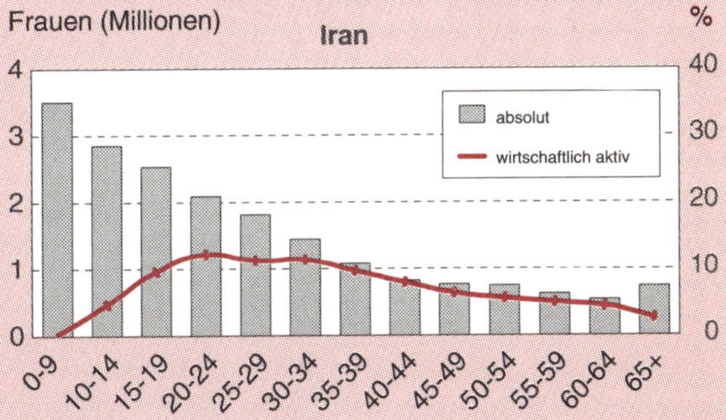


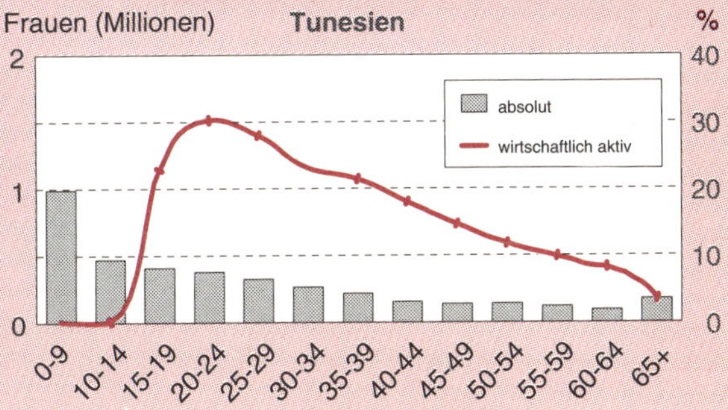

anzunehmen, auf die Tätigkeit als Hausmädchen begrenzt. Heute wird dies insbesondere von Frauen und Mädchen aus ländlichen Gebieten genutzt. Wohnt die Familie zu weit von einer industriellen Produktionsstätte entfernt, um den Weg dorthin täglich zurückzulegen, ist eine Anstellung als Hausmädchen fast die einzige Möglichkeit, ehrenhaft außer Haus zu arbeiten. In der Regel nämlich wohnen die Angestellten im Haus des Arbeitgebers und bleiben so weiterhin unter sozialer Kontrolle.

### Frauen in qualifizierten Berufen

Die größeren Bildungschancen, die sich seit den fünfziger Jahren in den muslimischen Ländern für Männer und Frauen bieten, haben zu einer Lockerung des traditionellen Gesellschaftssystems und der Rollenfestlegung geführt. Mittlerweile arbeiten viele Frauen in qualifizierten Positionen, und in vielen arabischen Großstädten gehören Frauen in den klassischen Dienstleistungssektoren, wie beispielsweise im Bankgeschäft, längst zum gewohnten Bild. Sofern sie keinen politischen Auflagen wie im Iran oder in Saudi-Arabien ausgesetzt sind, ist der Großteil dieser Frauen modisch gekleidet und geschminkt.

Ein weiterer Bereich, der bei Frauen mit einer abgeschlossenen Berufsausbildung immer beliebter wird, sind Anstellungen im öffentlichen Dienst, da der Arbeitsplatz relativ gesichert ist und die Arbeitsbedingungen angenehm sind. Häufig ist es Frauen im öffentlichen Dienst durch die langen Mittagspausen auch möglich, nach Hause zu fahren und die Familie zu versorgen. Eine Umfrage in Syrien ergab, daß 75 Prozent der im öffentlichen Dienst tätigen Frauen die Arbeit außer Haus befürworteten; die überwiegende Mehrheit gab zudem an, daß sie am Arbeitsplatz keiner Diskriminierung ausgesetzt sei.

Auch in der Wissenschaft machen sich die Frauen in vielen Ländern allmählich bemerkbar. Die Anzahl der Professorinnen und Universitätsdozentinnen hat in den

**Doppelbelastung**

Eines der größten Probleme für berufstätige Frauen ist die Doppelbelastung durch Beruf und Haushaltsführung. Das gilt für ungelernte Arbeiterinnen ebenso wie für die meisten Akademikerinnen. Berufstätige Frauen aus der Mittel- und Oberschicht können dieser Schwierigkeit eher entgegenwirken, indem sie ein Hausmädchen einstellen. Trotz Doppelbelastung ist eine Mithilfe der Männer im Haushalt bei vielen Frauen aber gar nicht erwünscht. Eine soziologische Feldstudie im Irak ergab beispielsweise, daß die meisten Frauen die tägliche Hausarbeit als unmännlich empfinden. Die Hilfe des Ehemannes ist lediglich bei körperlich schweren Arbeiten oder bei außerhäuslichen Tätigkeiten wie beim Einkauf gefragt. Diese Ergebnisse sollten allerdings nicht darüber hinwegtäuschen, daß sich auch diese Strukturen bei einem – sicherlich nur kleinen – Teil der städtischen Mittelschicht langsam auflösen. Gerade bei jüngeren Paaren gibt es immer wieder Männer, die sich an den täglichen Arbeiten wie Spülen oder Kochen beteiligen.

vergangenen Jahren zugenommen, bleibt jedoch insgesamt relativ gering. Ebenso bilden selbständige Unternehmerinnen oder Frauen in Managementpositionen in den meisten Staaten nach wie vor eine verschwindend kleine Minderheit.

Als ein großes Hindernis für Frauen, in leitende Positionen aufzusteigen, erwiesen sich die bestehenden Vorurteile. Diese sind jedoch nicht nur unter männlichen Kollegen verbreitet, sondern ebenso unter berufstätigen Frauen. Sana al Khayyat fand in einer in den achtziger Jahren im Irak durchgeführten Interviewreihe heraus, daß die meisten Frauen unabhängig von ihrem Ausbildungs-

**Berufstätige Frauen in den Golfstaaten**

Eine Sonderstellung unter den berufstätigen Frauen in muslimischen Ländern nehmen die Frauen der Golfstaaten ein. Aufgrund der geringen Bevölkerungszahl sind diese Staaten stark auf Gastarbeiter angewiesen, die als ungelernte oder halb ausgebildete Arbeiter und Arbeiterinnen die niederen Tätigkeiten übernehmen. Einheimische Frauen stehen aus Gründen des sozialen Prestiges dafür nicht zur Verfügung. Soziale Gründe sprechen jedoch vielfach auch gegen die Beschäftigung einer gebildeten Frau in der privaten Wirtschaft. Diese Einstellung ändert sich allerdings dann, wenn Frauen selbst als Unternehmerinnen auftreten. So gibt es mittlerweile in den Golfstaaten eine Reihe von Frauen, die als Direktorinnen – häufig ererbte – Kleinunternehmen führen. Dennoch ist in den »Ölländern« der Staat nach wie vor der größte Arbeitgeber für einheimische Frauen. Mitte der achtziger Jahre stellten Frauen beispielsweise in Kuwait 22,5 Prozent, in Katar und Oman jeweils rund neun Prozent der Angestellten und Beamten im öffentlichen Dienst. Immer noch ist aber der Großteil der Frauen in den klassischen Frauenberufen als Lehrerin oder Ärztin tätig.

stand lieber unter einem männlichen Chef arbeiten als unter der Leitung einer Frau. Die gängigen Argumente waren, daß Frauen dumm oder zu unflexibel sein und kein ausreichendes Selbstvertrauen sowie Durchsetzungsvermögen hätten. Männer hingegen wurden als gebildet, höflich, fortschrittlich und verständnisvoll eingestuft. Offensichtlich mangelt es den meisten Frauen infolge ihrer Erziehung nach wie vor an dem für Führungspositionen notwendigen Selbstbewußtsein.

## 3. Frauen in der Politik

Aufgrund der unterschiedlichen politischen Systeme ist es schwer, die politischen Entfaltungsmöglichkeiten in muslimischen Ländern zu pauschalieren. Grundsätzlich läßt sich sagen, daß Frauen in den Golfstaaten keinen Anspruch auf politische Ämter haben, während sie in den anderen Ländern, ausgenommen Jordanien, das ihnen nur das aktive Wahlrecht zugesteht, die gleichen politischen Rechte genießen wie Männer. Da die Politik in allen islamischen Ländern Nordafrikas und Vorderasiens von einem starken Personenkult beherrscht wird, ist das Bild des »starken Mannes« als politischer Führer typisch für diese Länder.

Bei einem solchen Führerkult ist für Frauen natürlich wenig Platz in hohen politischen Funktionen. Dementsprechend dringen nur wenige Politikerinnen in führende Positionen bei Ministerien oder Parlamenten vor, haben sie doch mit ähnlichen Vorurteilen zu kämpfen wie ihre Geschlechtsgenossinnen in der Wirtschaft.

Eine breite politische Repräsentanz besitzen Frauen in keinem der mehrheitlich muslimischen Länder. Deutlich wird dies besonders bei nationalen Wahlen. So konnten beispielsweise bei den Parlamentswahlen in Marokko im Juni 1993 von 222 Mandaten nur zwei von Frauen gewonnen werden. Im selben Jahr erhielten Frauen im Iran immerhin sechs Plätze von 270 Parlamentssitzen, im türkischen Parlament sind zur gleichen Zeit von 450 Abgeordneten acht weiblich.

In den meisten Ländern wird nicht einmal ein Ministerposten von einer Frau besetzt. Dagegen standen bisher zwei Frauen als Ministerpräsidentin der Regierung eines islamischen Landes vor: Die zwischen 1988 und 1990 amtierende und 1993 wiedergewählte pakistanische Ministerpräsidentin Benazir Bhutto und die im Frühsommer 1993 gewählte und derzeit amtierende türkische Regie-

**Tansu Ciller**

Die türkische Professorin Tansu Ciller, seit Frühsommer 1993 Ministerpräsidentin der Türkei, ist die zweite Frau, die zur politischen Führerin eines Landes mit mehrheitlich muslimischer Bevölkerung gewählt wurde. Nach dem Studium der Wirtschaftswissenschaften in der Türkei und in den USA erhielt sie im Jahr 1978 eine Assistenzprofessur, 1983 eine eigene Professur an der Elite-Universität Bogaziçi in Istanbul. Erst im November 1990 stieg sie über die konservative »Partei des Rechten Weges« (DYP) von Süleyman Demirel in die Politik ein. Sie wurde zur stellvertretenden Vorsitzenden der Partei gewählt. Im Oktober 1991 folgte die Wahl ins Parlament. Der damalige Ministerpräsident Demirel berief sie schließlich als Wirtschaftsministerin in sein Kabinett. Nach Demirels Wahl zum türkischen Staatspräsidenten im Frühjahr 1993 entschied sich die erfolgreiche Politikerin, für das Amt der Parteivorsitzenden und damit der Ministerpräsidentin zu kandidieren – sie wurde im ersten Wahlgang gewählt.

rungschefin Tansu Ciller. Ergänzend muß jedoch darauf hingewiesen werden, daß sowohl in Pakistan als auch in der Türkei der Staatspräsident mit weitgehenden politischen Vollmachten und Kontrollmöglichkeiten gegenüber dem Amt des Ministerpräsidenten ausgestattet ist.

## Politikerinnen

Frauen in der Politik repräsentieren in der Regel eine Partei oder Interessengruppe. Als Mitglieder konservativer Parteien sind sie in ihrer politischen Aktivität eingeschränkt, zumal sie sich häufig im Namen eines männlichen Verwandten engagieren. Sie fungieren als

Mittelsfrauen zwischen der Partei und der potentiellen weiblichen Wählerschaft. Da in konservativen Kreisen das öffentliche Auftreten von Frauen nach wie vor als unschicklich angesehen wird, treten ihre politischen Vertreterinnen eher durch assoziierte Gruppierungen wie Frauenkommissionen mit der Partei in Verbindung. Das politische Wirkungsfeld dieser Frauen ist gleichzeitig auf frauenspezifische Fragen wie Gesundheit, Erziehung und Soziales begrenzt.

Politikerinnen, die sich für weniger konservative Kreise aus eigenem Antrieb heraus engagieren, haben meist keine geradlinige politische Karriere hinter sich, sondern kommen als Seiteneinsteigerinnen aus einer akademischen Laufbahn oder aus der Wirtschaft. Der Grund hierfür liegt in der geringen gesellschaftlichen Akzeptanz gegenüber jungen Frauen, die sich öffentlich »exponieren«. Häufig sind Politikerinnen lange verheiratet oder

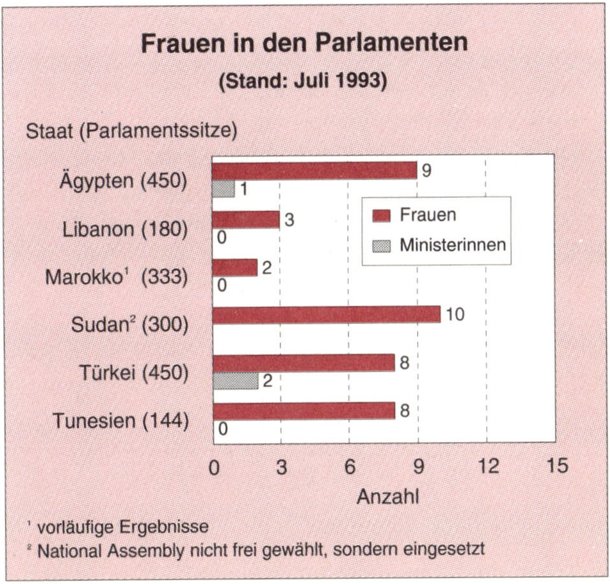

haben zumindest das »attraktive« Heiratsalter überschritten. In der Öffentlichkeit versuchen sie, ihre Weiblichkeit durch schlichte Kleidung zurückzustellen, was aber nicht bedeutet, daß sie in politischen Debatten nicht selbstbewußt und redegewandt auftreten.

## 4. »Moderner« Frauenalltag

Bildung und Berufstätigkeit fördern zwar einen gesellschaftlichen Wandel, stehen aber nicht unbedingt als Synonyme für größere Freiheiten oder gar für die Selbstverwirklichung von Frauen. Muslimische Frauen müssen sich häufig – ähnlich wie viele Frauen in westlichen Ländern – mit der Doppelbelastung von Haushalt und Beruf plagen. Da die Familien im Durchschnitt jedoch größer sind und die Haushalte weniger automatisiert, ist die Belastung vergleichsweise hoch. Gleichzeitig müssen diese Frauen häufig dem kritischen Blick ihrer Verwandten oder Nachbarn standhalten, die einer Berufstätigkeit von Frauen eher negativ gegenüberstehen. Dies gilt insbesondere dann, wenn es aus finanziellen Gründen nicht nötig wäre, daß die Frau arbeitet.

Das vielleicht größte Problem für moderne Frauen liegt darin, daß die Öffnung der Gesellschaft erst ansatzweise vollzogen ist. Zwar können sie sich heute ohne Begleitung in der Öffentlichkeit bewegen und sich in den Großstädten einiger Länder auch mal mit ihren Freundinnen in Cafés treffen – früher ein Vorrecht der Männer – oder ins Kino gehen, doch sind sie ihren Ehemännern noch immer Rechenschaft darüber schuldig, wohin und mit wem sie ausgehen. Auch beanspruchen viele Ehemänner ein Mitspracherecht bei der Wahl der Freundinnen, weil diese oder jene einen schlechten Ruf haben könnte.

In den Kreisen der städtischen Mittelschicht gehört die Geschlechtertrennung bei gesellschaftlichen Anlässen in den meisten Ländern der Vergangenheit an. Auch laden

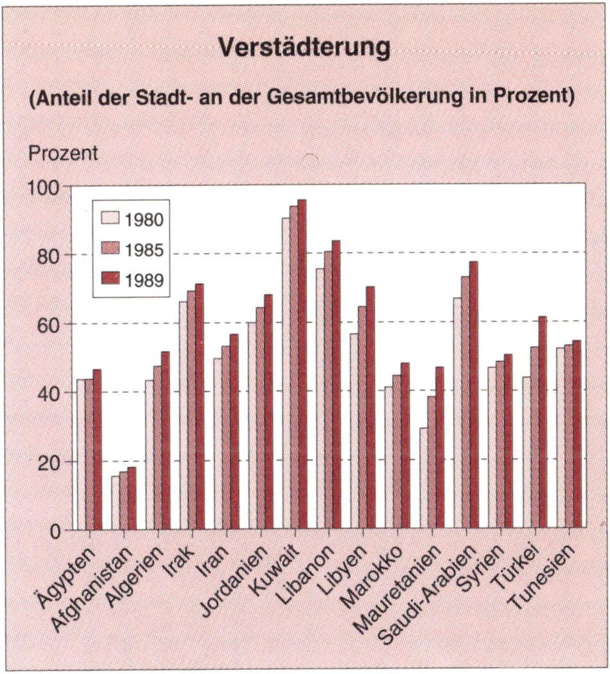


sich Ehepaare gegenseitig zum Essen ein, gehen gemeinsam ins Restaurant oder auf Partys. Trotz dieser sogenannten westlichen Einflüsse bleibt das Verhalten der Frauen in der Öffentlichkeit Reglementierungen unterworfen. Häufig wählen und dominieren die Männer die Gesprächsthemen bei solchen Treffen. Darüber hinaus gilt es in weiten Kreisen beispielsweise als unanständig, wenn Frauen in der Öffentlichkeit rauchen. Sie rauchen eher im privaten Bereich und im Kreise ihrer Freundinnen. Sobald einer der Ehemänner hinzukommt, wird die Zigarette jedoch gelöscht. Alkohol ist für Frauen mit einem noch größeren Tabu belegt. Obwohl der Koran Alkohol für Männer und Frauen gleichermaßen untersagt, setzen sich Männer, wenn dies politisch möglich ist,

### »Moderne« Erziehung

In vielen modernen Mittelstandsfamilien ist eine Bevorzugung von Jungen gegenüber Mädchen nicht mehr festzustellen. Dort, wo für Kinder die Aufgabe der Existenzsicherung für das Alter entfällt, werden sie häufig unabhängig von ihrem Geschlecht verhätschelt und verwöhnt. Entgegen dem traditionellen Rollenverständnis beteiligen sich dabei auch Väter zunehmend an der Erziehung. In gutsituierten Familien wird der Erziehung und Bildung von Kindern grundsätzlich ein hoher Stellenwert eingeräumt. Dabei fällt auf, daß man den staatlichen Institutionen weniger Vertrauen entgegenbringt als privaten Bildungseinrichtungen. Wenn es im Rahmen der finanziellen Möglichkeiten liegt, werden Kinder in private Kindergärten und später auf Privatschulen geschickt. Dabei ist die Unterrichtssprache dieser Institutionen nicht selten die der ehemaligen Kolonialherren. So gibt es beispielsweise in den nordafrikanischen Ländern Marokko und Tunesien eine Reihe französischsprachiger Kindergärten und Schulen, die auch mit dem französischen Abitur abschließen.

häufig darüber hinweg. Viele dieser »liberalen« Herren der Mittel- und Oberschicht verwahren sich jedoch dagegen, daß ihre Frauen in Restaurants oder Bars auch zu alkoholischen Getränken greifen, da trinkende Frauen als schamlos gelten. An dieser Stelle soll nicht der Eindruck entstehen, daß Alkohol und Zigaretten als Symbole der Emanzipation überall in der islamischen Welt Einzug halten müßten. Es geht vielmehr darum, daß Frauen nur eingeschränkt so leben können, wie sie es sich vielleicht wünschen. Denn grundsätzlich erkennt die Gesellschaft Frauen nicht an, wenn sie sich über solche Normen hinwegsetzen. Trotz Bildung und beruflicher Karriere bleiben viele doch nur »die Frau oder Tochter von …«, die dem Ruf ihrer Familie oder dem ihres Mannes konformes Verhalten schuldig ist. Nur die allerwenigsten Frauen schaffen es, selbständig zu sein und zu wirken, ohne bei Verwandten, Freunden und Kollegen in Mißkredit zu geraten. Unverheiratete Paare, die in einer gemeinsamen Wohnung leben, sind – nicht zuletzt, weil sie in einigen Ländern strafrechtlich belangt werden können – äußerst selten.

Ein Faktor, der von westlichen Kritikern der Frauenrolle in islamischen Ländern jedoch gerne übersehen wird, ist der, daß viele der sogenannten modernen Frauen Musliminnen bleiben, die in einem bestimmten Kulturkreis erzogen und sozialisiert wurden. Durch die so entstandene kulturelle Identität, der ein bestimmtes Frauenbild zugrunde liegt, haben die meisten Frauen gar nicht den Wunsch, völlig unabhängig zu leben. Ein Argument, das natürlich nicht als Vorwand für die Restaurierung patriarchalischer Strukturen herangezogen werden kann. Schließlich lehnen die wenigsten Frauen berufliche und politische Gleichberechtigung sowie eine partnerschaftliche Beziehung ab.

# VI. Freiwillig in die Unterdrückung? Musliminnen fordern den islamischen Staat

Die Welt steht stumm und staunt: Islamische Studentinnen fordern in liberalen Großstädten wie Kairo, Istanbul oder Tunis lautstark getrennte Hörsäle für Männer und Frauen; junge Mädchen, die häufig in der ersten oder zweiten Generation das Joch des Schleiers abgeworfen haben, verhüllen sich freiwillig Körper und Haupt. Doch auch Frauen, die nicht aktiv an der islamischen Bewegung teilnehmen, besinnen sich auf religiöse Traditionen. Gerade in den oberen und mittleren Gesellschaftsschichten stoßen diese Frauen im Freundes- und Familienkreis mit ihrem Schritt auf Ablehnung oder werden zumindest verspottet. Dennoch stehen sie für ihre Entscheidung konsequent ein. Der Schleier bzw. das Kopftuch wird zum politischen Symbol ihrer Überzeugung. Warum? Das gängige Bild des islamischen Fundamentalismus, das mit Schlagworten wie »Im Islam sind Religion und Staat untrennbar!« und »Kampf gegen die Moderne!« umschrieben wird, zeichnet nur ein unzulängliches Bild der islamischen Bewegung und ihrer Hintergründe. Auch kann man nicht jeden gläubigen Muslim oder jede verschleierte Frau der radikal fundamentalistischen Bewegung zuordnen. Politische Religiosität bedeutet weit mehr als der herkömmliche praktizierte Volksglaube. Dieser ist von der jeweiligen politischen Konstellation weitgehend unabhängig. Als Beispiel für diese These läßt sich die Türkei anführen. Trotz 70 Jahren laizistischer Staatsführung ist der Islam als Volksreligion tief in der Bevölkerung verankert. Radikaler Fundamentalismus kann aber ebensowenig mit religiösem Konservatismus gleichgesetzt werden, wie er beispielsweise in den Golfstaaten vorherrscht.

Er entstand als Antwort auf soziale, kulturelle und politische Entwicklungen und wird getragen von Menschen, die als Folge dieser Entwicklungen ihrer materiellen Grundlagen und ihrer Werte beraubt wurden, ohne ein neues Wertesystem aufbauen zu können. Die Untersuchungen über die soziale Herkunft der Mitglieder fundamentalistischer Gruppierungen in verschiedenen Ländern kamen zu ähnlichen Ergebnissen: Die führenden Personen der Bewegung entstammen der unteren Mittelschicht. Sie haben in der Regel eine Hochschulausbildung – meistens in naturwissenschaftlichen, technischen oder medizinischen Fachbereichen. Selbst wenn sie mittlerweile in den Städten leben, kommen sie ursprünglich aus ländlichen Gebieten. Dies überrascht nicht. Die untere Mittelschicht hat unter den kapitalistischen Einflüssen, der Industrialisierung und der Säkularisierung, am meisten gelitten. Viele leben verarmt in den Vorstädten der Metropolen und erfuhren durch das Verlassen ihrer Dörfer einen tiefgreifenden Identitätsverlust. Das Hochschulstudium vermittelt ihnen technisches Wissen, ohne jedoch den kulturhistorischen Hintergrund der »Moderne« mitzuliefern. Zudem bleibt die erhoffte Verbesserung der Lebensqualität häufig aus. Strukturelle Hindernisse wie Arbeitslosigkeit oder »Vetternwirtschaft« verhindern den Aufstieg in die wohlhabenden Klassen. In dieser Situation schließen sich gerade junge Erwachsene der politischen Religiosität bzw. der fundamentalistischen Bewegung an. Die eigene gesellschaftliche Position wird dadurch für sie selbst erklärbar und verständlich. Der Kapitalismus und insbesondere der Westen werden für die soziale Krise verantwortlich gemacht. Zudem wandelt sich die verhaßte Armut mit dem religiösen Wandel zu einer Tugend. Bescheidenheit und Keuschheit stehen der gottlosen Verschwendungssucht der Wohlhabenden als die bessere Alternative gegenüber. Diese Erklärungsmuster gelten für Männer und Frauen gleichermaßen. Die »Verschwö-

**Frauen im Iran**

Im Zuge der Revolution hat die Staatsführung des Iran erneut die Scharia zur Gesetzesgrundlage erhoben und damit die Bewegungsfreiheit der Frauen erheblich eingeschränkt. Im öffentlichen Leben und im Bildungswesen wurde wieder die Geschlechtertrennung eingeführt. Einen besonders harten Rückschlag in bildungspolitischer und beruflicher Hinsicht erlitten die Frauen, als sie nach der Revolution von sämtlichen Posten der Justiz ausgeschlossen wurden. Auch in anderen Bereichen wurden Frauen aus dem Beruf gedrängt. Sie sind in der Öffentlichkeit zum Tragen des Tschador, des meist dunklen Ganzkörperschleiers, verpflichtet. In den Anfangsjahren veranlaßten die »Wächter der Revolution« die Verhaftung von Tausenden Frauen. Eine herausgerutschte Haarsträhne oder ein geschminktes Gesicht konnten schon Anlaß genug sein, um eine Frau wegen »Verletzung öffentlicher Moral« festzunehmen. Viele Frauen hat man in den Gefängnissen geschlagen und gefoltert. Seit der Wahl Rafsandschanis zum Staatspräsidenten im Jahr 1989 lockern sich die Repressionen gegen die weibliche Bevölkerung angeblich. Diese vorsichtigen Zeichen der Öffnung lassen jedoch noch lange nicht auf eine wirkliche Änderung der Situation und eine größere Toleranz gegenüber andersdenkenden Frauen hoffen.

rungstheorie«, die gegenüber dem Westen als Importeur allen Übels angewandt wird, führt bei den radikalen Fundamentalisten so weit, daß sie sich durch brutale Sturmtrupps oder terroristische Anschläge darum bemühen, »Recht und Ordnung« nach dem eigenen Verständnis mit Gewalt durchzusetzen. Ihr Ordnungsprinzip basiert auf der Verteidigung oder neuerlichen Installierung »authentischer Werte«. Das Integrieren der Religion in den Staat soll eine neue Weltordnung herstellen, in der die Muslime eine definierte, starke Rolle einnehmen. Dabei lehnen selbst radikale Fundamentalisten technische Neuerungen und wissenschaftliche Erkenntnisse als Ausdruck der Moderne entgegen gängigen Vorurteilen nicht grundsätzlich ab, wenn sie mit den eigenen Ordnungsprinzipien in Einklang stehen. Eine politische Delegierung der Staatsgewalt an eine weltliche Führung wird jedoch nicht anerkannt. Deshalb gelingt es den radikalen Fundamentalisten, gerade in den Gesellschaftsschichten zu agitieren und Anhänger zu finden, in denen die staatliche Autorität verlorengegangen ist und traditionelle Ordnungsvorstellungen sich aufgelöst haben. Moderate islamische Parteien erkennen die bürgerliche Ordnung hingegen weitgehend an. Sie fordern die Einheit von Staat und Religion und meinen damit die Unterwerfung staatlicher Prinzipien unter die islamische Ethik. Diese Prinzipien sollen dann Richtlinie für die verfassungsmäßige Ordnung sein, in der unter anderem die Gewaltenteilung anerkannt wird.

Die islamische Bewegung hat in den meisten muslimischen Ländern in den vergangenen Jahren eine bedeutende politische und soziale Stellung eingenommen. Sieht man einmal vom Iran ab, wo die islamische Republik im Zuge eines revolutionären Umsturzes herbeigeführt wurde, bemühen sich die Gruppen vehement, Frauen zu erreichen und entsprechend ihren Zielen zu überzeugen. Spezielle Frauenzeitschriften und islamische Buchpublikationen, die vorwiegend um Frauenthemen kreisen, deuten auf die Anstrengung der Aktivisten hin, Frauen für sich zu gewinnen. Unter Titeln wie »Die Tugenden, die Ehefrauen und Mädchen besitzen müssen« oder »Meine muslimische Schwester – Dein Weg ins Paradies« erinnert man die Frau an die ihr zugedachten Pflichten. Rituell wird in all diesen Publikationen die hohe Stellung betont, die der Koran den Frauen einräumt. Dabei stellt sich die fundamentalistische im Gegensatz zur konservativen Bewegung nicht ausdrücklich gegen die Berufstätigkeit, Ausbildung oder politische Aktivität von Frauen. Diese soll jedoch in möglichst großer Abgrenzung zu der männlichen Öffentlichkeit ausgeübt werden und mit der eigentlichen Bestimmung der Frau als Ehefrau, Mutter und Hausfrau vereinbar bleiben. Da Frauen besonders unter den sozialen Verhältnissen und dem kulturellen Wandel zu leiden haben, ist es nicht verwunderlich, daß sie zu Anhängern des politischen Islam werden. Ein muslimischer Gottesstaat definiert die Rolle der Frau genau und wirkt somit identitätsstiftend. Die Verfassung der islamischen Republik Iran erhebt beispielsweise die Familie zur fundamentalen strukturellen Einheit der Gesellschaft. Deshalb sei es notwendig, Frauen davon zu befreien, als Objekte oder als Instrumente im Dienst des Konsums und der Ausbeutung angesehen zu werden. Islamische Fundamentalistinnen selbst stellen immer wieder nachdrücklich heraus, daß der Koran nicht frauenfeindlich sei. Der Koran betone zwar nicht die Gleichheit der Geschlechter, sondern ihre Komplementarität, leiste aber damit der Unterdrückung der Frau keinesfalls Vorschub. Für die benachteiligte Position der Frauen in der Gegenwart, für Erniedrigung und Ausbeutung macht die islamische Ideologie dagegen zwei Faktoren verantwortlich: die fortschreitende Trennung von Staat und Religion sowie moderne westliche Einflüsse. Frauen in westlichen Gesellschaften lassen sich nach Ansicht vieler Frauen der islamischen Bewegung zum Sexobjekt degradieren. Deshalb wird auch die eigene Entscheidung, sich in der Öffentlichkeit zu verhüllen, als politischer Akt dargestellt. Gerade der Schleier bzw. die Verhüllung soll die Emanzipation ermöglichen: Die kulturelle Identität und die religiösen Gefühle bleiben unverletzt, und die Frauen können ihrem Beruf nachgehen, ohne sich sexuell belästigt zu fühlen. Für die Geschlechtertrennung in der Erziehung argumentiert man ähnlich.

## Weiterführende Literatur


*Ahmad, Hazrat Mirzat Tahir* (Übersetzer): Der Koran. München 1992.

*al-Khayyat, Sana:* Ehre & Schande. München 1991.

*Badran, Margot/Cooke, Miriam:* Lesebuch der »Neuen Frau«. Hamburg 1992.

*Bürgel, Johann Christoph:* Allmacht und Mächtigkeit. Religion und Welt des Islam. München 1991.

*Ende, Werner/Steinbach, Udo:* Der Islam in der Gegenwart. München 1991.

*Flottau, Heiko:* Die Bande der Clans. Die arabische Welt besser verstehen. Freiburg i. Br. 1992.

*Heine, Peter und Ina:* O ihr Musliminnen… Frauen in islamischen Gesellschaften. Freiburg i. Br. 1993.

*Heller, Erdmute/Mosbahi, Hassouna:* Hinter den Schleiern des Islam. Erotik und Sexualität in der arabischen Kultur. München 1993.

*Hippler, Jochen/Lueg, Andrea:* Feindbild Islam. Hamburg 1993.

*Hussain, Freda:* Muslim Women. New York 1984.

*Khoury, Adel Theodor* (Übersetzer): Der Koran. Gütersloh 1987.

*Khoury, Adel Theodor/Hagemann, Ludwig/Heine, Peter:* Islam-Lexikon A–Z. Geschichte, Ideen, Gestalten. 3 Bde.. Freiburg i. Br. 1991.

*Kremer, Heidemarie:* Freiwillig unter dem Schleier. Als Deutsche im Iran. Freiburg i. Br. 1993.

*Lacoste-Dujardin, Camille:* Mütter gegen Frauen. Zürich 1990.

*Lüders, Michael:* Der Islam im Aufbruch? München 1992.

*Mernissi, Fatema:* Der politische Harem. Mohammed und die Frauen. Freiburg i. Br. 1992.

*Mernissi, Fatema:* Geschlecht Ideologie Islam. München 1987.

*Minai, Naila:* Schwestern unterm Halbmond. Muslimische Frauen zwischen Tradition und Emanzipation. München 1989.

*Neusel, Ayla:* Aufstand im Haus der Frauen. Berlin 1991.

# Stichwortregister

## Verzeichnis der Grafiken